MERIAN

Tal der Loire

Stachelschwein und Salamander sind die Wappentiere der beiden Monarchen, die italienische Künstler der Renaissance ins Tal der Loire holten und mit dem Bau ihrer Schlösser beauftragten. Der Salamander (Foto) ist das Emblem des Königs Franz I., das Stachelschwein ziert das Wappen Ludwigs XII. Diese beiden Herrscher und einflußreiche Beamte ihres Hofes ließen die Schlösser Chambord, Blois, Chenonceaux, Azay-le-Rideau und Villesavin errichten oder ausbauen. (Seite 19)

Fischer und Wassersportler sind fast die einzigen, die die Loire ab Angers flußaufwärts befahren. Mit 1012 Kilometern ist sie zwar der längste Fluß Frankreichs, aber Sandbänke und unregelmäßige Wasserführung lassen Binnenschiffahrt nicht zu. (Seite 34) Mit „Tal der Loire" bezeichnen selbst die Franzosen in der Regel nur das Gebiet zwischen Sancerre und Angers. (Seite 6)

Den diskreten Charme französischen Provinzlebens findet man in allen Städten an der Loire, ob groß oder klein, ob sie Angers (Seite 41) oder Amboise (Seite 61), Tours (Seite 92) oder Orléans (Seite 101) heißen.

In Frankreich jagen immer noch 4000 Parforcejäger mit 8000 Hunden den Hirsch, und eine Million Zuschauer verfolgt jährlich die große Hatz. Auch in den Wäldern des Loire-Tals erklingt das Halali: Unser Autor Paul Maubec hat an einer Hetzjagd in Cheverny teilgenommen. (Seite 27)

Schloßbesitzer und ihr kostspieliges Erbe: Die einen verkaufen noble Lebensart, die anderen veranstalten nächtliche Schauspiele mit Lichtorgeln und Stimmen vom Tonband. Welche Rolle spielt der Adel in heutiger Zeit? (Seite 102)

Kühlwasser für Kernkraftwerke: Die Loire muß auch diesem zweifelhaften Fortschritt dienen. Die Atomreaktoren von Chinon, Dampierre und Saint-Laurent-des-Eaux wurden aber nicht, wie befürchtet, zum Touristenschreck, sondern zu einer zusätzlichen Attraktion. 100 000 Besucher pilgern jedes Jahr dorthin. Wie die Bevölkerung mit dem nuklearen Risiko lebt, lesen Sie auf Seite 36.

Vater Poitevin und seine Brüder arbeiten über und unter der Erde. Sie bauen auf den Hängen von Turquant Wein an und züchten Champignons in den Kalkstein-Höhlen am Flußufer. (Seite 54)

Immer schön auf dem Teppich bleiben: Wer je an einer Schloßführung teilgenommen hat, wird diesen Satz schon gehört und das Reglement dieser Führungsanmaßung vielleicht als lästig empfunden haben. Fremdenführer und Reiseleiter: Sind sie entbehrliche Instrukteure oder eher willkommene Wegweiser? (MERIAN-Report auf Seite 69)

Das Monatsheft der Städte und Landschaften im Hoffmann und Campe Verlag Hamburg · Chefredakteur: Dr. Will Keller · Stellvertreter: Hans Joachim Bonhage · Redakteure: Tibor M. Ridegh · Wilhelm L. Rüger · Paul Otto Schulz · Hanns Straub · Helga Thiessen · Hans Markus Thomsen · Dokumentation: Dr. Andreas Birken · Carl-August Blome · Layout: Erika Schmied (Leitung) · Birgit Wiesgen · Herstellung: Karl-Erich Falbe · Anzeigenleitung: Ulrich Gromm · Anzeigenstruktur: Hugo-Andreas Fries · **Titelbild:** Treppe des Schlosses von Blois; Foto: Adam Woolfit · **Foto oben:** Salamander; Foto: Jürgen Braun · **Die letzten sechs MERIAN-Hefte:** Bodensee — New Orleans — Ostseeküste von Flensburg bis Lübeck — Schottland — Nördlicher Schwarzwald — Barcelona · Costa Brava · **Die nächsten sechs:** Die Donau von Ulm bis Passau — Kuba — Tunesien — Hongkong — Macao — Köln — Burgenland

Tabakfeld; Foto: Chris Kutschera

Die verwöhnte Schöne

Josef Müller-Marein über seine Wahlheimat

Es ist kein Dorf, wo wir wohnen. Es ist ein *Lieu – dit*, ein „Ort – genannt" ... – „Les Présneaux": ein altes Bauernhaus; gegenüber ein Stall, der, nachdem wir in der Mitte einen Durchbruch gemacht haben, ein bißchen wie ein Tor aussieht; ein kleines Treibhaus und etwas Land mit Bäumen und Rasen und Beeten. Das ist alles. Das ist der ganze „Ort – genannt" (so heißt's in den Papieren). Wahrscheinlich kommt „Présneaux" von *prés nouveaux*, von „neuen Wiesen". Manchmal schreiben wir auf den Briefkopf auch „Aux Présneaux", „in den Wiesen": Das klingt besser.
Es ist wichtig, daß etwas gut klingt. Denn wir befinden uns im Loiret, dem Gebiet des *beau-parler,* des „schönen Sprechens", wo die Leute mit Stolz behaupten, daß hier das beste Französisch zu Hause sei.

Bei dem „Lieu – dit Présneaux" handelt es sich nicht etwa um eine *résidence secondaire*, eine Zweitwohnung, wie viele Pariser eine auf dem Lande haben. Im Gegenteil. Meine Zweitwohnung ist das Studio in Paris, in dem ich arbeite und nach der Arbeit schlafe. Hastig fahre ich dann aufs Land, um gemächlich das zu tun, was man wohnen nennt. Auf dem Wege dorthin merke ich, daß die Landschaft an der Loire oft ein anderes Wetter hat. Auch die Menschen verhalten sich anders: An dem *Péage* (Autobahngebühr) genannten Schalter auf der Autoroute du Sud, wo ich den Passierzettel entgegennehme, sehe ich Gesichter, in denen sich nichts bewegt. An der Ausfahrt in Dordives aber wird gelächelt und für ein Nichts *merci* gesagt: Das freundliche Land der Loire ist erreicht. Und es mag kein Zufall

sein, daß der erste Roman des europäischen Mittelalters in dem Städtchen geschrieben wurde, aus dem wir unsere Post bekommen: der „Roman de la Rose". Sogar in deutschen Schulbüchern steht der Autor, der nach seinem Geburtsort Guillaume de Lorris heißt. Von diesem in Versen verfaßten „Bestseller" konnten die zeitgenössischen Leser gar nicht genug bekommen, so daß ein anderer eine Fortsetzung dichtete: Jean de Meung, auch er ein *beau parleur* von der Loire. Das Ganze war eine höfische Liebesgeschichte.

Wenn deutsche Freunde uns zum ersten Mal besuchen, bewundern sie höflich Haus und Garten und streicheln vorsichtig unseren Schäferhund. Dann aber verlangen sie geographische Angaben. Sie sitzen am Kamin und merken sich: Wir brauchen eine Viertelstunde gemütlicher Autofahrt, um in einen der größten Staatsforste Frankreichs zu gelangen, in den Forêt d'Orléans, und weitere 15 Minuten bis zur Loire, wo wir – zum Beispiel in Sully – die Schlösser-Tour beginnen können. Einige unserer Gäste stellen auch gleich die Frage: „Wie weit habt Ihr's bis Saint-Benoît-sur-Loire und bis Germigny-des-Prés?" „Das liegt alles so im selben Dreh." Und spätestens in diesem Augenblick wissen wir, daß unsere Freunde ein paar Tage bleiben werden.

Schon um zu erfahren, wie das Wetter am nächsten Tag sein wird, stellen wir den Fernsehapparat an. Da tritt auf der Wetterkarte die Loire deutlich in Erscheinung. Wir sehen den längsten Fluß Frankreichs (1012 Kilometer) aus dem Süden herauf- und das Zentral-

massiv herabkommen, mit leicht westlicher Schlagseite. Bei den Weinbergen von Sancerre fließt die Loire noch gen Norden. Danach stimmt diese Richtung nicht mehr ... In Briare, dem Städtchen, in dem die nationalen Wahlen prozentual immer so ausfallen wie in ganz Frankreich, so daß es eigentlich überflüssig wäre, auch noch woanders wählen zu lassen, und wo Monsieur Eiffel, der Konstrukteur des Eiffel-Turms in Paris, einen Kanal über die Loire gebaut hat, kommt zuerst der Verdacht auf, daß unser Fluß westwärts will. Bei Gien mit der alten Brücke und dem schönen Schloß fließt sie nordwestlich. Überhaupt keinen Zweifel gibt es schließlich in Sully, wo Voltaire nach seiner Verbannung aus Paris den Vers dichtete: *Sous les ombrages toujours cois / de Sully, ce séjour tranquille / je suis plus heureux mille fois / que le grand prince qui m'exile.* (Unter dem stets so stillen Sims / von Sully, wo Ruhe den Aufenthalt steuert, / bin ich tausendmal glücklicher als der große Prinz, / der mich gefeuert.)

In Saint-Benoît, zu Füßen des Benediktiner-Klosters, wo die Gebeine des heiligen Benedikt ruhen, und in Germigny-des-Prés mit der Kirche aus der Zeit Karls des Großen ist nicht mehr zu übersehen: Die Loire will nicht in die Seine münden, wie sie es vor Millionen von Jahren tat, es treibt sie nicht mehr nord-, sondern westwärts. In Jargeau hat sie ihren nördlichsten Punkt erreicht. Nicht weit davon entfernt wohnen wir.
Wenn das Wetter in fast allen Teilen Frankreichs schlecht ist, sieht es hier nicht so schlimm aus, ja, es ist eigentlich immer ein bißchen besser, auch einer der Gründe, weshalb die Pariser

Zum Arbeiten hat sie keine Lust mehr: Schiffe haben gefälligst
auf den Seitenkanälen zu bleiben. Die Loire ist wie eine
feine Dame, die das Gepäck von Dienern tragen und sich von Poeten
besingen läßt, die sanft und launisch zugleich sein kann
und die von der Erinnerung lebt, als Könige ihr den Hof machten.

ihre *résidences secondaires* besonders gern in unserer Gegend suchen.

Die Loire fließt nun ganz energisch nach Westen, wobei sie sogar leicht südliche Neigungen zeigt. Wäre sie nämlich weiter nach Norden geflossen, würde sie heute noch in die Seine münden. In Frankreich aber ist ein *fleuve* nicht einfach ein Fluß, sondern ein Strom, der sich ins Meer ergießt: *La Loire c'est un fleuve!*

Zugegeben: Das klingt alles ein bißchen schulmeisterlich. Aber wenn wir schon dabei sind: Man spricht vom „Tal der Loire" und meint ein Gebiet, das sich von Sancerre bis kurz hinter Angers erstreckt. Es ist das Land der Königsschlösser. Aber das allein reicht nicht aus. Es hat noch eine andere Bewandtnis mit diesem „Tal". Denn warum wurden die Schlösser gerade hier gebaut? Die Könige waren aus dem Geschlecht der Valois. „Les Valois" und „Le val de la Loire": Das kann sich jeder leicht merken. Im übrigen ist das Wort *val* nicht in allen Gegenden zu Hause. Im Anjou sagt man *vallée* und in der Touraine *varenne*. Und noch ein interessantes Phänomen: Die Loire ist so etwas wie der Main Frankreichs, und wie man in Deutschland von einer „Main-Linie" spricht, könnte man in Frankreich von einer „Loire-Linie" sprechen; es geschieht gelegentlich sogar. Im Süden der westwärts fließenden Loire haben die Menschen Sinn und Zeit für alles Schöne. Im Norden leben „les boches du Nord", wie manche hier leider sagen. Die arbeiten sich kaputt. Und was haben sie davon?

Das Tal der Loire wird auch der „Garten Frankreichs" genannt. Das ist zwar eine abgegriffene Bezeichnung,

aber sie ist richtig: Die *Primeurs* kommen hierher, das Frühgemüse und das Frühobst, an dessen Ernte auch die reichlich vorhandenen Vögel beteiligt sind. Wir besitzen zum Beispiel Kirschbäume uns unbekannter Güte, weil wir die Früchte nie probieren konnten; die „Gefiederten" waren schneller. Die Gärtner und Bauern gehen nicht sanft mit ihnen um, sondern machen ihnen durch automatische Böllerschüsse Angst.

Warum nicht die Seine, obwohl sie durch Paris fließt, nicht die Rhône, die in Frankreich männlich ist (Le Rhône), und auch nicht die Garonne, sondern die Loire der französischste Strom genannt wird, ist nicht allen Franzosen verständlich, Ausländern schon gar nicht, und nur gute Eigenschaften werden aufgezählt, vor allem, daß sie die Landschaft harmonisch macht, daß sie heiter stimmt und die Musen ermuntert. Zu allen Zeiten fühlten sich Dichter von ihr angezogen: Rabelais und Ronsard, Béranger und Balzac, Alfred Jarry und in unseren Tagen der alte, wunderbare Maurice Genevoix, den wir Deutsche soeben erst entdecken. Weil sie alle sehr französisch sind – von den Malern, Architekten, Philosophen und Heiligen einmal abgesehen –, müßte logischerweise auch ihre Landschaft vom selben Geiste sein. Sieht man die Loire unter solchen Aspekten und mit den Augen des Poeten, so stellt man fest: Sie ist eine verwöhnte Schöne.

Paddelboote stören sie nicht, aber Schiffe haben gefälligst auf den Kanälen zu bleiben, von denen die Loire sich begleiten läßt wie eine feine Dame, der Zofen und Diener das Gepäck tragen. Einst war der

Fluß schiffbar. Das war zur Zeit der Wasserkutschen, des Treidelns, des Segelns. Eine Woche dauerte die Reise von Orléans bis Nantes, manchmal sogar zwei bis drei Wochen, je nachdem, wie der Wind wehte. Aber mit dem Bau der Eisenbahnen war das zu Ende, und seither hat die Loire überhaupt keine Lust mehr zum Arbeiten.

Statt dessen zeigt sie schreckliche Launen. Das heißt: Die sanfte, schöne, harmonische, poetische Loire schäumt im Frühjahr und Herbst auf, steigt aus ihrem Bett, stürmt gegen die Brücken, läuft böse und aufgeregt in den Dörfern herum, läßt nicht nur den feinen Sand aus dem Zentralmassiv zurück, sondern Schmutz und Schlamm. Wenn sie doch nur die häßlichen modernen Häuser beschädigen würde, die aussehen wie nach dem Katalog bestellt, nein, sie kühlt ihr Mütchen an allem, was ihr widersteht, bis sie in ihr Bett zurückkehrt und, als sei nichts geschehen, wieder ruhig dahinfließt. Die Menschen jedoch vergessen das nicht. Sie bringen an Mauern Tafeln an mit Vermerken über einen höchst unordentlichen Wasserstand an besonders schlimmen Tagen.

Das Wasser ist in der Regel klar, und wir essen alle Sorten von Flußfischen, von denen vor allem die Hechte zu loben sind. Aber einmal schwammen weiße Schaumkronen, groß wie Schneebälle, den Fluß hinab. Alle rannten hin. „Verschmutzung? Das darf doch nicht wahr sein!" Es traf zu. Die Loire wurde Gott sei Dank wieder gesund. Doch jetzt gibt es riesige Atom-Schlösser am Ufer. Sie sehen sehr, sehr häßlich aus. So betrachtet, stellt sich Einverständnis ein: Tobe, süße Loire, tobe! ☐

Man ißt gern und trinkt gut, geht am Sonntag zur Kirche, spielt in der freien Zeit Boule oder wirft die Angel aus. Die guten Bürger im Land an der Loire jagen keinen großen Fischen nach, sie begnügen sich mit dem stillen Glück im Winkel

Foto: Achim Sperber

„Wo findet man, außer
in diesen Gegenden,
solche beruhigende, stär-
kende Gleichmäßigkeit
von Luft und Licht? Das
Grün nimmt stellen-
weise einen feierlichen
Charakter an." So be-
schreibt Auguste Rodin
die leicht gewellte,
nur von kleinen Ebenen
unterbrochene
Loirelandschaft

Fotos: Sperber (5); Fabian (5); Lüllemann; Ritterband

Garten Frankreichs: So wird das Tal der Loire auch genannt. Das Klima ist mild, der Boden fruchtbar, hier gedeihen Reben, Rosen und Reineclauden. Im klaren Wasser der Loire und ihrer Nebenflüsse Cher, Indre und Vienne spiegeln sich Pappelalleen, hinter Weiden und Zedern verstecken sich Kähne und Schlösser (wie das Schloß Ussé, oben Mitte). Landwirtschaft und Fremdenverkehr sind die wichtigsten Einnahmequellen der Bevölkerung. In die französischsten aller Provinzen kommen jährlich Hunderttausende von Touristen: Für sie auch schneidet der Gärtner im Park von Villandry (oben rechts) die Buchsbaumhecken, die Blumen- und Gemüsebeete säumen

13

Jeanne d'Arc
QM37
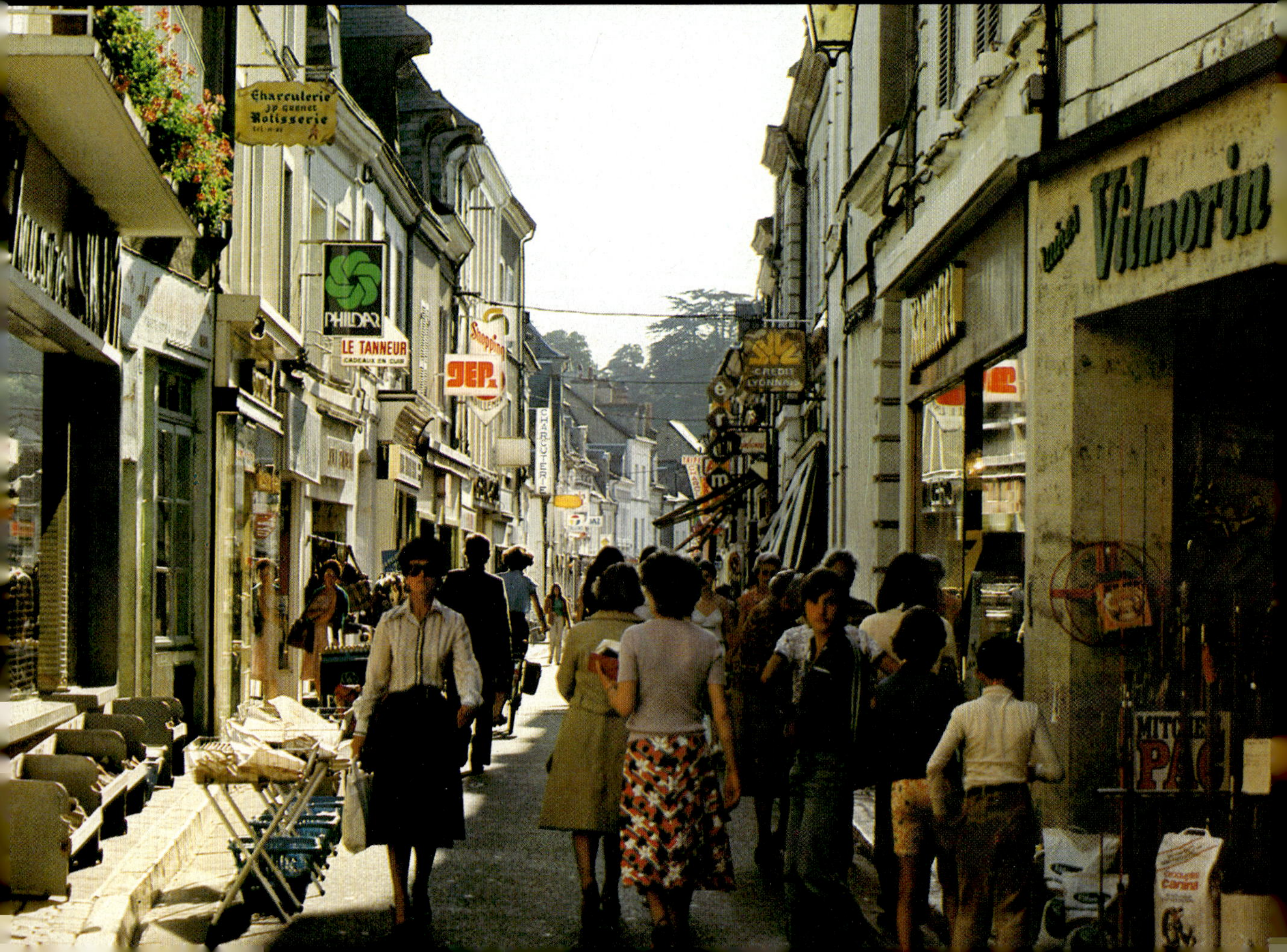
Charcuterie
Rotisserie
PHILDAR
LE TANNEUR
CREDIT LYONNAIS
Vilmorin

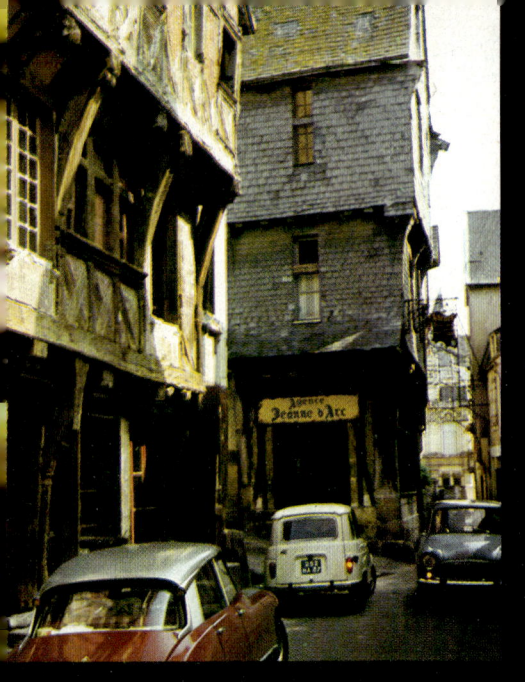

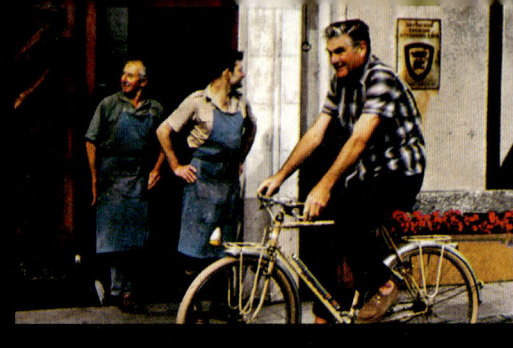

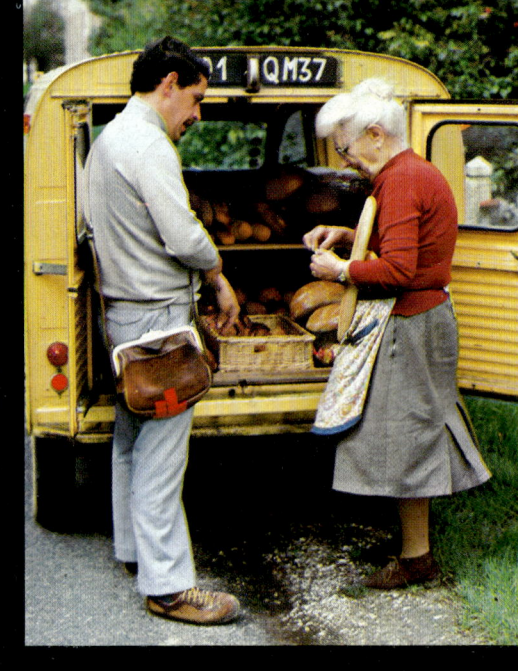

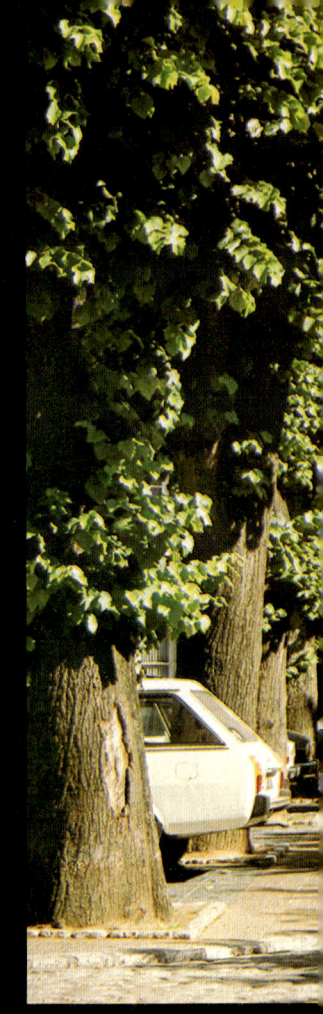

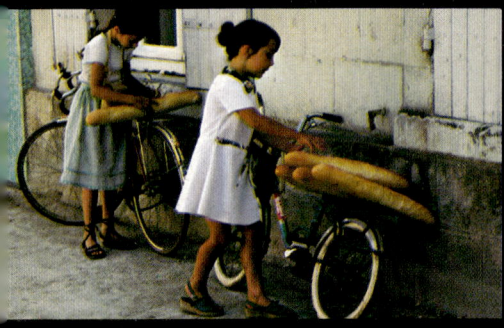

Provinzleben à la française: ein bißchen verschlafen, etwas altbacken, freundlich, Eile mit Weile. Man wechselt hier ein Wort mit dem Bäcker, erkundigt sich dort nach dem Befinden, ist immer bereit zu einem Spiel mit den silbernen Kugeln. In Städten wie Chinon und Amboise (linke Seite oben und unten) oder Beaugency (links), die nicht mehr als 10000 Einwohner haben, geht alles seinen ruhigen Gang. Und in den Straßen duftet es nach frischem Brot und würzigen Kräutern, nach Pasteten und Pernod

Fotos: Sperber (3); Fabian (2); Lüllemann (2); Lutz; Supp

15

Die große Zeit der Schlösser an der Loire und ihrer Nebenflüsse fällt in die Jahre von 1509 bis 1531. Die Prachtbauten dienten nicht der Verteidigung, sondern waren Ausdruck herrschaftlicher Lebensart – wie das am Cher errichtete Chenonceaux

Politische Erfolge brachten Frankreichs Könige des 15. und 16. Jahrhunderts von ihren Feldzügen nach Italien nicht nach Hause.
Dafür aber den Wunsch, ähnliche Prachtbauten zu besitzen wie die
italienischen Renaissance-Fürsten. Die Schlösser, die sie
an der Loire errichten ließen (Abb.: Blois mit seinem Treppenturm),
wurden üppiger, phantasievoller und noch gewaltiger.

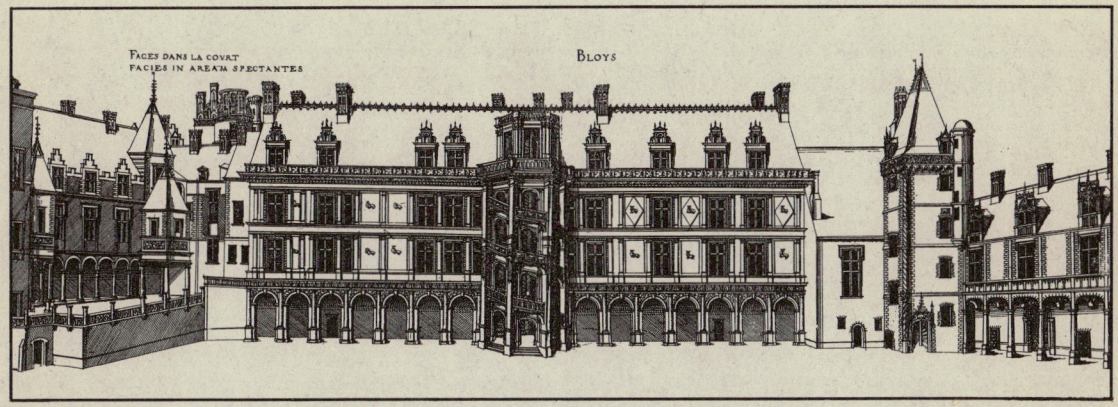

SCHLÖSSER
DER RENAISSANCE

Von Wilfried Hansmann

Das „klassische" Loire-Schloß des ausge-
henden Mittelalters ist ein mit runden
Türmen bewehrter Gebäudekomplex, der einen
Innenhof umschließt und von einem Graben-
system umgeben ist. Die Bauformen sind ge-
prägt von der Notwendigkeit zur Verteidigung,
doch erhalten einige Schlösser eine bis dahin un-
bekannte, überreiche Dachzier aus Lukarnen,
Schornsteinen und Türmchen. Hierin wird der
Gedanke anschaulich, daß ein Schloß nicht nur
der Verteidigung zu dienen, sondern auch luxu-
riöse herrschaftliche Lebensart zu bezeugen
habe. Diese Auffassung setzt sich vollends durch
in der Renaissance, wo das Bedürfnis nach
Wehrhaftigkeit kaum noch eine Rolle spielt.
Die Könige Karl VIII. (1483–1498), Ludwig
XII. (1498–1515) und Franz I. (1515–1547)
unternahmen Feldzüge nach Italien, um Ansprüche auf das Königreich Neapel und auf Mai-
land geltend zu machen. Der politische Erfolg
dieser Waffengänge war nicht von Dauer, um
so fruchtbarer erwies sich der kulturelle Ge-
winn. In Italien erlebten die Könige den Luxus
des Hoflebens, die Eleganz der Umgangs- und
Repräsentationsformen und die Schönheit der
neuen Renaissancebauweise, in der die Größe
der Antike wieder aufzuleben schien. Der
Wunsch, dies alles auch zu Hause genießen zu
können, bewog sie, italienische Künstler und
Kunsthandwerker nach Frankreich zu holen.
So entstanden hier seit Anfang des 16. Jahrhunderts Schlösser, die alles bis dahin Gebaute
an Reichtum, Glanz und Phantasie übertrafen.
Hierbei kopierte man nicht die italienischen
Vorbilder, sondern verschmolz die herkömm-
liche Bauweise mit den neuen Bauformen Ita-

Grundrisse der Schlösser Blois, Chenonceaux und Chambord (von oben nach unten), gestochen von Jacques Androuet Du Cerceau, der auch als Architekt für Katharina von Medici tätig war

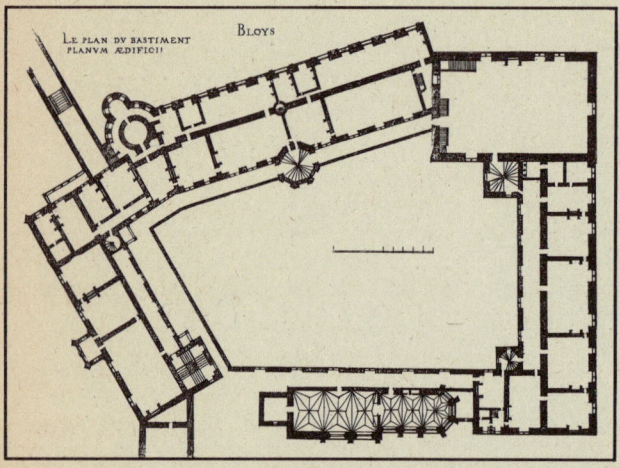

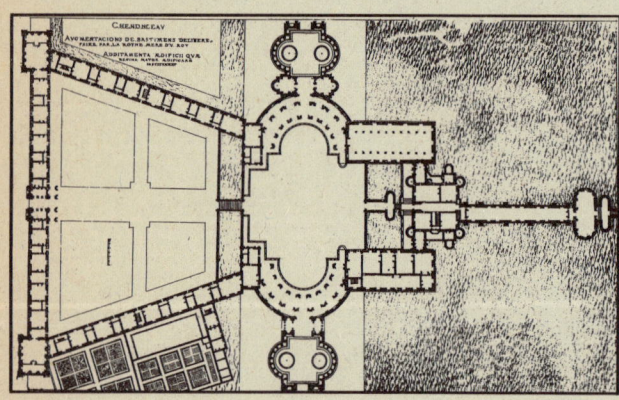

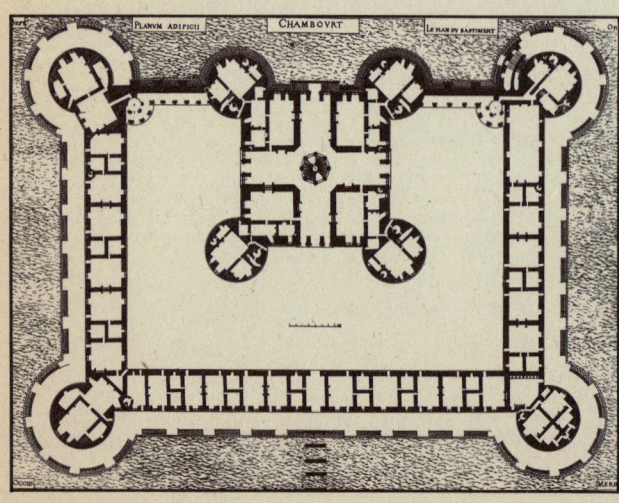

liens zu einer eigenständigen französischen Renaissance.

Die Kunstgeschichte unterscheidet drei Entwicklungsstufen: „italienischer" Ornamentstil von 1509 bis 1531, ein von Rom geprägter Neoklassizismus von 1531 bis 1559 und eine Endphase bis 1589. Die große Zeit der Schlösser an der Loire und ihrer Nebenflüsse fällt in die erste Periode.

Wichtigster Bauherr war hier in der alten französischen Königslandschaft der Monarch. Eindrucksvollste Zeugen sind die Schlösser Blois und Chambord. Außer dem König bauten einflußreiche Beamte des Hofes, insbesondere die, denen die königlichen Finanzen anvertraut waren. Welche Vielfalt und Individualität des Bauens und Wohnens auch sie zu entfalten vermochten, zeigen die Schlösser Villesavin, Azay-le-Rideau und Chenonceaux. Wer französische Renaissance aus der Frühzeit kennenlernen will, mag seinen Besuch getrost auf diese Beispiele beschränken.

Italienische Grandezza: Blois

Als Ludwig XII. 1498 die Königswürde erlangte, wählte er seine Geburtsstadt Blois zur Residenz. Am ererbten Schloß der einstigen Grafen von Blois errichtete er den nach ihm benannten Flügel, einen noblen Bau aus Ziegel und Werkstein, der mit seinen ausgewogenen Proportionen, dem Reichtum der Schmuckdetails in den späten Formen der Gotik und dem lebendigen Kontrast der Materialien kaum besser den Schönheitssinn des Bauherrn bezeugen könnte. Betrachtet man die Hoffront, deren Erdgeschoß sich in flachbogigen Arkaden öffnet, so vermeint man bereits einen Hauch von italienischer Grandezza zu verspüren. Unverkennbar aus Italien übernommen ist die Kapitellplastik der Arkadenstützen.

Welch ein Kontrast aber zwischen dem Flügel Ludwigs XII. und dem, den sein Nachfolger Franz I. nur 17 Jahre später (von 1515 an) erbaute. Dort noch ein Verharren in herkömmlichen Formen und nur zögerndes Aufkeimen neuer Elemente, hier eine vollerblühte französische Renaissance-Architektur, zwar von Italien inspiriert, doch im Endergebnis eigenständig entwickelt. Ihre charakteristischen Züge sind: Regelmäßigkeit des Aufrisses und eine

Fast intim gegenüber den pompösen Königsschlössern wirkt Villesavin südlich des Parks von Chambord

klare Gliederung der Fassaden durch Pilaster und Gesimse; hinzu kommt eine glänzend entwickelte Zierkunst mit italienischer Renaissance-Ornamentik, in der sich eine Gesellschaft offenbart, die sich festlich darstellen und stilvoll genießen will. Die Freude an üppiger Dekoration ist ein mittelalterliches Erbe der Franzosen, das sich nun mit einem an italienischen Beispielen geschärften Sinn für die Schönheit ausgewogener Maßverhältnisse paart. Am berühmten durchbrochenen Treppenturm des Flügels Franz' I., auf den sich aller Schmuckreichtum konzentriert, wird die gesellschaftliche Komponente der französischen Renaissancekunst besonders augenscheinlich. „Der Reichtum der Gewänder der Edelherren, der Luxus der Prunkkleider der Damen mußten auf das wunderbarste mit dem schmuckhaften Aussehen dieser so seltsam bearbeiteten Steine harmonieren", schreibt Honoré de Balzac in seinem Roman „Katharina von Medici". Architektur und die Art, sich darzustellen, gehen eine Synthese ein.

Kolossaler Donjon: Chambord

Schloß Chambord (1519 begonnen) in der wald- und wildreichen Sologne ist das eigenwilligste Bauwerk, das sich Franz I. errichten ließ. „Ein Inbegriff dessen, was menschliche Kunst hervorzubringen vermag", urteilte Kaiser Karl V. über dieses wie ein Weltwunder bestaunte Gebäude, das letztlich zu gewaltig geplant war, um jemals fertig zu werden.

Bei aller Pracht der Erscheinungsform ist die architektonische Struktur fest in der Tradition des mittelalterlichen Schloßbaus in Frankreich verwurzelt. Auf einer Seite des rechteckigen, größtenteils unvollendeten Gebäudegürtels mit runden Ecktürmen ragt der ebenfalls mit Rundtürmen auf den Ecken bewehrte Koloß des Donjons in den Innenhof hinein. Dieser Donjon, alles andere als ein letzter angriffssicherer Zufluchtsort wie in früheren Zeiten, ist das eigentliche Architekturwunder von Chambord. Im Inneren schließt ihn von der Mitte her eine durchbrochene Treppe mit zwei Läufen auf, die so ineinander verwoben sind, daß ein Hinaufsteigender einem Herabkommenden nicht zu begegnen braucht. Diese Idee ist italienischen Ursprungs und vielleicht von Leonardo da Vinci beeinflußt, den Franz I. an seinen Hof holen konnte. Außen gipfelt die Treppe in einer prunkvollen Laterne: Zentrum eigentümlicher Schmuckaufbauten auf der Plattform des Donjons. Aus der reichen Dachzier französischer Schlösser der Spätgotik ist eine wirklich begehbare Miniaturstadt mit Pavillons, Gassen, Kreuzungen und Plätzen gestaltet. Es müssen märchenhafte Feste gewesen sein, die der König in den Sälen des Donjons inszenieren ließ.

Die weit über 400 Räume des Schlosses bilden

ein unergründliches Labyrinth, in dem man sich behagliches Wohnen kaum vorstellen kann. Chambord ist in erster Linie als Jagdrefugium und als Festarchitektur zu verstehen, zugleich aber auch als Ausdruck der über alles erhabenen Herrscherwürde des Königs, dem äußerster Prunk und höchster Aufwand der Bauformen gebührt.

Überschaubare Maße: Villesavin

Wie ein Protest gegen die Unwirtlichkeit und den Formenüberfluß von Chambord wirkt das Schloß, das sich der Leiter der Bauarbeiten an Chambord, der Rat und Staatssekretär Franz' I., Jean Le Breton, 1537 ganz in der Nähe des königlichen Schlosses errichten ließ: Villesavin. Ein eingeschossiger Mittelbau mit hohem Walmdach wird von zwei Pavillons flankiert. Ein rechtwinklig angefügter Nebenflügel auf der einen und eine Mauer auf der anderen Seite, an der Vorderfront markant akzentuiert durch zwei weitere Pavillons, grenzen den großzügig bemessenen Hofraum ein. Die Auflockerung der Gebäudeteile durch Pavillons ist neu in dieser Form und weist in die Zukunft. Reichverzierte Lukarnen stoßen in die Dachflächen und täuschen einen repräsentativeren Charakter vor als das Schloß mit seiner wohnlichen, überschaubaren Gestalt in schönen Maßverhältnissen eigentlich hat. Der Kunstsinn Le Bretons und sein Bedürfnis nach stilvoller Lebensart äußern sich nicht zuletzt in einer prachtvollen Brunnenschale auf reich skulptiertem Sockel mitten im Hof. Die Atmosphäre der Vornehmheit, die der Besucher vor der Architektur empfindet, vermag der Brunnen – das Werk italienischer Künstler – ins Festliche zu steigern.

Vornehme Akzente: Azay-le-Rideau

Azay-le-Rideau halten viele für das schönste Loire-Schloß der Renaissance, ja für seinen Inbegriff überhaupt. Bauherr war Gilles Berthelot, der Schatzmeister Frankreichs. Honoré de Balzac hat das Bauwerk vortrefflich charakterisiert als einen geschliffenen Diamanten, vom Indre-Fluß eingefaßt, auf blumenverdeckten Pfählen errichtet. Hiermit spielt Balzac auf die klaren Proportionen und die vollkommene Harmonie zwischen den glatten, aus Quader-

steinen gefügten Wandflächen und den aufgelegten plastischen Gliederungselementen an. Das Schloß besteht aus zwei Flügeln. Runde Ecktürme, wie schwebend auf konsolenartigen Unterbauten errichtet, geben mit ihren Kegeldächern den Baukörpern vornehme Akzente. Zwar zieht sich unter dem Dach ein Wehrgang hin, aber er ist nur noch Schmuckform, von reichverzierten Lukarnen unterbrochen. Und auch das Wasser, aus dem das Bauwerk hervorwächst, dient nicht mehr zum Schutz vor Angriffen, sondern soll durch die Spiegelung den Reiz der Architektur erhöhen.

Doppelgeschossige Galerie: Chenonceaux

Der Zauber des Wassers bestimmte auch die Anlageform des Schlosses Chenonceaux. Den Kernbau auf exakt geschnittenem quadratischen Grundriß mit Rundtürmen an den Ecken – wieder verbindet sich Althergebrachtes mit dem neuen Streben nach Regelmäßigkeit – errichtete der Obersteuereinnehmer Karls VIII., Thomas Bohier, von 1513 an auf den Fundamenten einer alten Mühle im Fluß Cher. Nicht, daß Bohier Verteidigungsabsichten hegte. Vielmehr wollte er vom Wasser aus die umliegende Flußlandschaft genießen, wobei ihm vielleicht venezianische Vorbilder vorschwebten.
Die Besitzer des Schlosses wechselten häufig im 16. Jahrhundert, und jeder erweiterte es. Diana von Poitiers, Mätresse Heinrichs II., ließ vom Kernbau aus eine Brücke über den Fluß schlagen. Katharina von Medici, Gemahlin Heinrichs II., deren Feste in Chenonceaux (s. Seite 87) berühmt geworden sind, errichtete auf der Brücke eine doppelgeschossige Galerie. Solche Galerien gehören zu jenen Bauformen, die der neue Lebensstil der Renaissance erforderte. Sie waren Räume für glanzvolle Empfänge, üppige Tafeln, für Musik und Tanz, für königliche Feste aller Art.
□

Es ist kein Zufall, daß das Schloß Azay-le-Rideau in die Indre gebaut wurde: Durch die Wasserspiegelung wollte man den Reiz der klaren Formen noch steigern

Inmitten eines 5500 Hektar großen, von einer 32 Kilometer langen Mauer umgebenen Waldgebiets liegt Chambord, das größte der Loire-Schlösser, mit über 400 Räumen und einer begehbaren Dachterrasse: Da gibt es Pavillons, Gassen, kleine Plätze, 800 Kapitelle, Glockentürmchen und allein 365 Schornsteine

Die große Hatz auf den Hirsch

Text: Paul Maubec
Fotos: Chris Kutschera

In vielen Ländern ist sie verboten, wird sie angeprangert als Tierquälerei und fragwürdiges Vergnügen der feinen Gesellschaft: die Parforcejagd zu Pferde. Auch in Frankreich ist sie nicht unumstritten. Und doch jagen hier 156 Wildmeuten mit 8000 Hunden und 4000 Parforcejäger auf 1,3 Millionen Hektar Fläche. Eine Million Zuschauer verfolgt jährlich die Hatz, 10 000 Pferde sind dafür trainiert, und 3000 Jagdhelfer verdienen ihren Lebensunterhalt damit. Die „Vénerie" reicht bis in die Zeit der Merowinger zurück. Sie ist eine Jagd in Alleen und Schneisen durch riesige Waldgebiete. Klangvolle Hornsignale begleiten sie. Es gehöre viel Strategie dazu, und man müsse die Gewohnheiten des Wilds genau kennen, sagen Eingeweihte. Der Autor hat an einer Parforcejagd in der Sologne teilgenommen. Ausgangspunkt war das Schloß Cheverny (Foto oben; links: ein Jagdmesser).

*Die Jagd kann beginnen: Nach
einer kurzen Lagebesprechung der
Reiterinnen und Reiter wird
die Meute (80 Hunde in Cheverny)
auf die Fährte angesetzt*

Der erste *piqueur* der Meute von Cheverny, Lafeuille, kennt die Natur gut. Wenn die Jagd auf den Hirsch Erfolg haben soll, müssen Boden und Luft die gleiche Temperatur haben. Am besten acht Grad. Der Wind muß aus Westen wehen und Regen bringen. „Ostwind ist ganz schlecht, da bekommen die Hunde keine Witterung. Warum? So ist es nun einmal, das soll einer verstehen . . .“

Lafeuille kennt auch die List des Wildes. Weiß, wie es sich das Wetter zunutze macht, welches Spiel es mit seinen Jägern treibt. „Wenn ich im Revier bin und die Hirsche kaum Witterung hinterlassen, sehe ich sie überall. Aber wenn die Fährte gut ist, dann macht man kein einziges Stück aus.“ Bei Schneefall oder Sturm bemerkt Lafeuille nicht einmal den Standort des Wildes. „Dann geht es spazieren, präsentiert sich den Hunden eins nach dem anderen.“

Am Tag vor der Jagd erkundet Villette, der Jagdhüter, das Revier. Er bricht frühmorgens auf, wenn sich das Wild zur Tagesruhe ins schützende Dickicht zurückgezogen hat.

Anhand der Fährten und Trittsiegel erfährt Villette, wo die Hirsche „zu Felde ziehen“, das heißt äsen.

Auch am nächsten Morgen, dem Jagdtag, ist er wieder im Revier, jetzt mit dem Leithund der Meute. Villette wartet bis Tagesanbruch mit dem Abfährten, dem so wichtigen *faire le bois,* um dann am Treffpunkt seinem Jagdherrn, dem Vicomte Arnaud de Sigalas, Bericht zu erstatten. Das Wild in seinen Einständen darf den Mann mit dem Hund nicht bemerken, es würde rege und abwandern. Villette weiß: Der Geruchssinn des Hirsches ist genauso fein wie der des Wildschweins. Er windet auf weite, ja weiteste Entfernung. Die Hirsche suchen am Tag einen Platz, um sich niederzutun. Wo, das hängt vom Wetter ab. Bei Regen ungedeckt

unter großen Eichen. Bei Sonne im Dickicht, unter den Zweigen, im Farnkraut.

Am selben Morgen ist der *piqueur* Lafeuille im Hundezwinger und bereitet die Bracken für die Jagd vor. In Cheverny besteht die Meute aus 80 Hunden. Lafeuille richtet auch die Pferde und das Jagdmaterial her, bevor er zum „Rapport“ beim Treffpunkt aufbricht. Der liegt beim Schloß La Borde, bei Vernou.

Da aber kann der Jagdhüter Villette kein Tier melden. Er hat kein einziges Stück Wild im Revier ausgemacht. In der Nacht war ein Unwetter niedergegangen, und die Tiere sind in das Nachbargebiet übergewechselt, wo man nicht das Jagdrecht besitzt . . . Zum Glück aber hat der Jagdhüter eines anderen Guts, La Gitonnière, am Morgen

Es kommt vor, daß die Jäger den Hirsch über eine Strecke von 70 Kilometern verfolgen. Das Tier scheut bei seinen Täuschungsmanövern auch nicht die Teiche

einen jagdbaren Hirsch ausgemacht. Er kann uns einen „Zehner" angeben, der auf dem Rückwechsel vom Maisfeld ist. Wir machen uns also auf den Weg dorthin. Die ganze Jagdgesellschaft, alle zu Pferde. Und er führt uns auf die Fährte seines einziehenden Hirsches. Lafeuille beurteilt das Trittsiegel: „Ein guter Hirsch. Wir wollen versuchen, auf ihn Jagd zu machen." Er setzt die Hunde auf die Fährte an, sie nehmen sie auf. Wir haben Westwind. Phantastisch. Die Hunde jagen etwa einen Kilometer weit. Wir hören ihr Geläut und verständigen uns untereinander durch Signale auf den Parforcehörnern.

Aber der Hirsch, der sich niedertun wollte, unternimmt ein Täuschungsmanöver *(double):* Er zieht 1000 Meter, wechselt dann kurz auf seiner

Fährte zurück und verhofft dort. Als die Hunde endlich näher kommen, flüchtet er. Wir kehren mit der Meute um. Nachdem Lafeuille sie erneut auf die Fährte angesetzt hat, haben wir ihn eine dreiviertel Stunde später endlich hochgemacht, bei Montgiron.

Madame de Sigalas sieht ihn als erste — einen starken Zehner. Er springt über die Straße von Veilleins nach Vernou und zieht wieder hinunter in das Dickicht, wechselt auf genau der Fährte zurück, auf die Lafeuille die Hunde vor anderthalb Stunden gesetzt hatte. Er zieht wieder genau an die Stelle im Maisfeld, wo er die Nacht verbracht hatte. „In diesem Augenblick", sagt Lafeuille, „hat er nachgedacht und einen Entschluß gefaßt: Er wollte sich nicht mit Hilfe des Wassers

verteidigen. Er hat sich auf seine Stärke verlassen."

Als der Hirsch dann in Richtung des Reviers La Borde zieht, wo wir unseren Treffpunkt hatten, sagt der *piqueur* sofort: „Da haben wir's. Nun wird er sich doch den Teichen zuwenden, und ich werd' mich furchtbar ärgern müssen. Das wird ein Tohuwabohu geben..." Aber nichts dergleichen. Der Hirsch benutzt die Dämme zwischen den Teichen. Das Wasser gefällt ihm nicht. Er passiert alle Teiche von La Borde. Wegen der Größe der Bäume hier stören ihn die Zweige. Er flüchtet daher geradewegs über die Schneisen. Nachdem er schon fast das Schloß erreicht hat, überquert er die Straße von Courmemin nach Vernou. Von dort aus führt der Hirsch die Meute entlang der Straße von Bauzy nach Vernou. Und kurz bevor er Bauzy erreicht, kreuzt er die Straße und durchrennt einen kleinen Fluß, die Bonneure. Hinter dem Dorf beim Sägewerk wird er sich gesagt haben: „Und jetzt, liebe Leute, hau' ich ab." Da hatte er 30 Minuten Vorsprung vor den Hunden und den berittenen Jägern. Er ist

zäh. Im Forst von Boulogne fängt er wieder mit Täuschungsmanövern an, macht einige Widergänge, macht sich lustig über uns. Er spaziert durch die Teiche, taucht seine Läufe ins Wasser. Aber er beginnt, seine Müdigkeit zu spüren. „Die kommen ja immer noch hinterher", mag er überlegt haben, „dann muß ich hier weg." Und er wechselt zurück über die Ferte Saint Cyr.

Mittlerweile haben die Hunde 40 Kilometer zurückgelegt und die Pferde auch. Es sind nur noch vier oder fünf Reiter dabei. Bis auf Lafeuille, Monsieur de Sigalas und zwei oder drei andere sind alle abgestiegen. Der Hirsch aber gibt noch nicht auf. Andere Hunde sind jetzt auf seiner Fährte. Beim „Relais" wird ein Teil der Meute ausgewechselt. Das ist so üblich. Zu Beginn der Jagd werden die jungen, schnelleren Tiere eingesetzt. Gegen Ende nimmt man erfahrene, die etwas langsamer sind. Der Hirsch ist weitergewechselt bis hinauf zur Straße von Thoury, zieht ein Stück an ihr entlang und dreht nach Westen, in Richtung Chambord, ab. Dann zieht er weiter auf der Straße von Coudraies.

Da: Als Lafeuille und Monsieur de Sigalas ganz allein in einem Dornengestrüpp stehen, geben die Hunde Standlaut. Der Hirsch hat kapituliert. Seine Kräfte haben ihn verlassen. Er ist umzingelt. Lafeuille gibt ihm den Fangschuß. Nicht mehr mit dem „Hirschfänger" wie einst, sondern aus der einläufigen Schrotflinte vom Kaliber acht Milli-

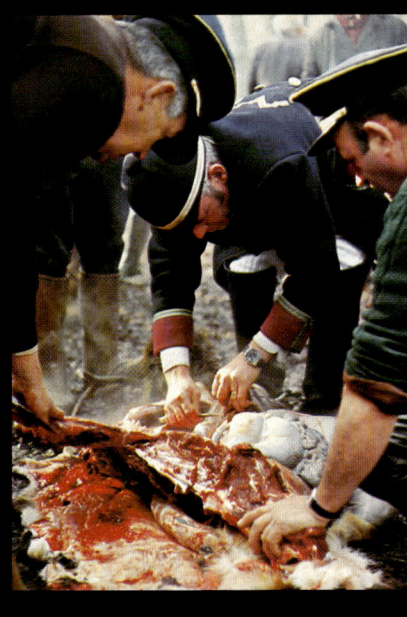

Das Wild ist erlegt: Aus den Parforcehörnern erklingt das Halali, die Innereien werden den Hunden zum Fraß vorgeworfen, und der zu einem Zopf geflochtene Lauf wird zur Jagdtrophäe

meter, die er in der Satteltasche bei sich geführt hat. Das *Curée* (die Innereien) für die Hunde wird in die Decke des erlegten Stückes geschlagen. Und aus den Parforcehörnern erklingt das *halali la mort* — die „Tränen des Hirsches".

Wir haben eine gute Jagd gemacht. Über eine Strecke von 60 bis 70 Kilometern sind wir dem Hirsch gefolgt, sind galoppiert durch das systematisch angelegte Spinnennetz von Alleen und Schneisen, immer verbunden durch Hornsignale mit der Meute und ihren Führern. Gegen Mittag hatten wir begonnen, den Hirsch zu hetzen. Um 18.30 Uhr haben wir ihn gestellt — eine gute Jagd, weil das Tier kämpfte und uns zeitweilig überlistete. Nur etwa jeder zweite bei der *vénerie* gejagte Hirsch wird am Ende auch erlegt.

Denn das Wild ist schlau und listig. Neulich hatten wir einen Hirsch, der sich in die Bonneure gesetzt hat. Er lag längs der Böschung auf der Stelle. Er hatte sich an Brombeersträucher geklammert, bewegte sich nicht, hielt sich gegen die Strömung. Die ganze Meute ist an ihm vorbeigezogen — 40 Hunde waren es ringsum —, und nicht einer hat ihn gewittert. Wenn ich ihn nicht gesehen hätte ... das war ein Hirsch, der uns übers Ohr gehauen hätte. Oder der andere: Er war in den Teichen gewesen, hatte sich „gewaschen", war im Zickzack gelaufen, hatte Widergänge gemacht. So hat er die Hunde getäuscht. Er kam davon. „Das ist das Faire an der Parforcejagd", meint Lafeuille, „der Hirsch hat die Möglichkeit, sich zu verteidigen."

*Ein ruhig dahinfließender Strom mit hellen Sand-
bänken – so zeigt sich hier die Loire bei Montjean.
Nichts auf diesem Bild erinnert an die verheeren-
den Hochwasserkatastrophen der Vergangenheit*

Die Loire – mit 1012 Kilometern der längste Fluß Frankreichs –
entspringt auf 1408 Meter Höhe inmitten eines Bauernhofes
am Fuß des Mont Gerbier-de-Jonc. Nach Norden durchfließt sie
zunächst das Zentralmassiv und beschreibt dann im Süden
des Pariser Beckens einen 300 Kilometer weiten Bogen, bevor
sie das Armorikanische Massiv und den Atlantik erreicht.

Paul Fénelon

Fluß ohne Korsett

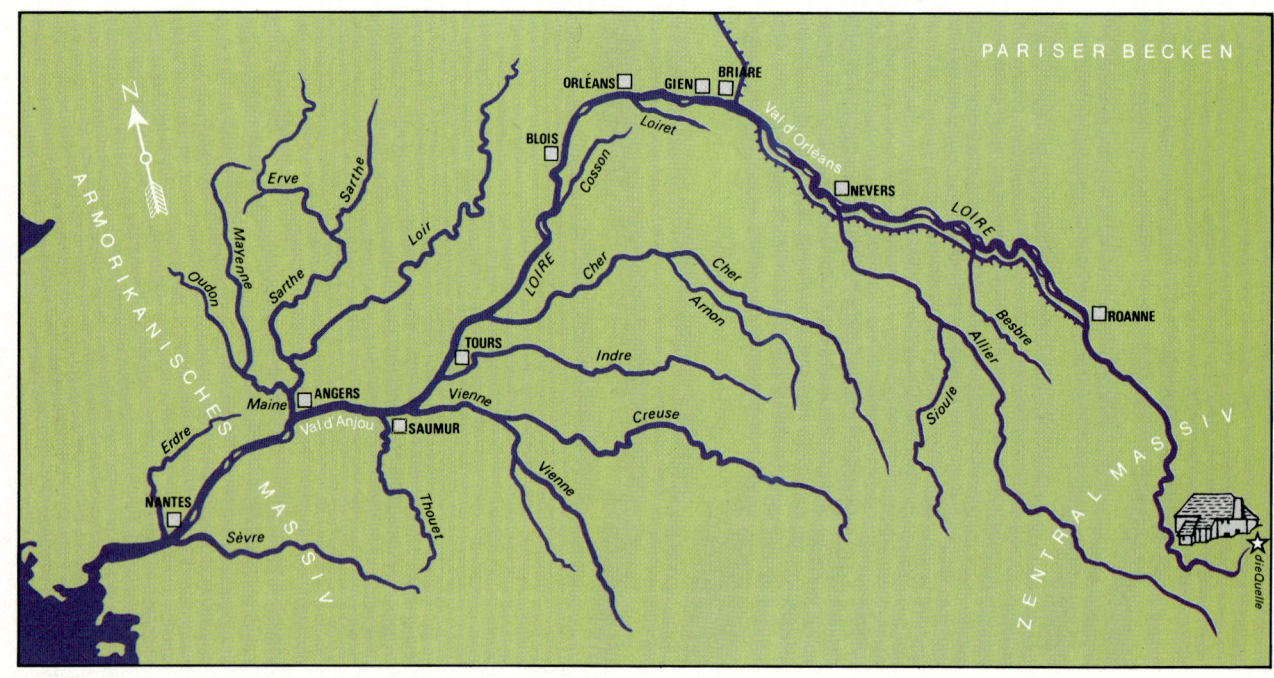

Auf ihrem langen Weg nimmt die Loire ein ganzes Heer von Nebenflüssen auf: den Allier, dessen Quelle in den ferngelegenen Höhen der Margeride liegt, den Cher, die Indre und Vienne, die die nördlichen Plateaus des Limousin entwässern, die Maine mit Sarthe, Mayenne und Loir, die Gewässer aus der Perche und der Normandie heranführen. So entwässert die Loire fast ein Fünftel der Fläche Frankreichs.

Im Tertiär flossen Loire und Allier direkt nach Norden. Aus dem Granitgestein der Margeride und des Velay brachten sie Kieselsande mit sich, die sie auf den Kalkböden der Beauce ablagerten; ihre Spuren lassen sich bis in das Gebiet der Causses verfolgen.

Am Ende des Tertiär wurde der Westen Frankreichs vom Meer überspült, das muschelhaltige Kalkablagerungen zurückließ; die Buchten schoben sich fast bis nach Blois vor. Die Loire, die in ihrem Lauf nach Norden auf immer größere Hindernisse gestoßen war, wandte sich nun dem Meer im Westen zu. Als sich das Meer allmählich zurückzog, wurden der Fluß und seine linken Nebenflüsse zunehmend länger, alle Wasserläufe vereinigten sich in einem Flußbett.

Im darauffolgenden Quartär schuf sich die Loire ein Tal, dessen Formen jeweils mit der Landschaft wechseln. Im Zentralmassiv schnitt sie enge Schluchten in das kristalline Gestein, und in die Becken von Puy, Forez und Roanne brachte sie die feinen Ablagerungen, im Süden des Pariser Beckens formte sie

die Abhänge des Tales in Stufen aus, deren unterste ihr inneres und äußeres Bett bilden. Im äußeren Bett entstand noch ein terrassenartiger, leicht ausgehöhlter Vorsprung, der zum Fluß hin steil abfällt und sanft zu den Hügeln hin ansteigt; dadurch verlaufen kleinere Nebenflüsse vor ihrer Mündung über mehrere Kilometer parallel zum Hauptfluß.

Im inneren Bett sind streckenweise von Weiden bewachsene Sande und Schotter aufgeschüttet; dort, wo das Wasser die Flußschwellen überspült, bilden sich Tümpel zwischen Ton- und Kieselbänken. Das äußere Bett bildet den Talboden, im Val d'Orléans und Val d'Anjou bis zu zehn Kilometer breit. Nach Angers hat die Loire das Armorikanische Massiv zu durchqueren, dessen Sandstein- und Granitformationen sie wohl daran hinderten, ihr Tal ebenso tief zu schürfen wie das der Seine. Da sich die Felsstufen nicht abschliffen, bildeten sich die angrenzenden Plateaus nur unvollständig aus und blieben somit als geomorphologische Frühform bestehen. Die Mündung wurde durch die Vergletscherung des Quartär, als der Meeresspiegel etwa 100 Meter niedriger lag als heute, tief ausgehöhlt und erneut von Meerwasser überflutet. Zweimal täglich strömt heute die Flut flußaufwärts bis jenseits von Nantes, wodurch sich die Schlammbänke des Flusses ständig verlagern.

Im Kampf gegen die Fluten

Die Loire, die durch die Niederschläge im Zentralmassiv gespeist wird, hat einen so unregelmäßigen Wasserstand wie kein anderer Fluß in Frankreich. Sie führt im Sommer unterhalb von Orléans weniger als 20 Kubikmeter Wasser pro Sekunde, während sie im Winter unterhalb der Maine-Mündung im Durchschnitt 800 Kubikmeter erreicht.

Zusätzlich zu dieser ohnehin schon extremen Situation kommt es immer wieder zu gewaltigen Hochwassern. Teils sind sie auf vom Atlantik heranziehende Niederschläge zurückzuführen; teils entstehen sie durch Kondensation des Wasserdampfes in warmen Luftmassen, die vom Mittelmeer bis zu den vereisten Gipfeln der Cevennen heraufziehen; innerhalb weniger Stunden können dann im Quellgebiet der Loire und des Allier mehrere Dezimeter Niederschlag fallen. In beiden Flüssen gemeinsam strömen an die 8000 bis 9000 Kubikmeter Wasser pro Sekunde ins Val d'Orléans und durch die Straßen von Tours. Die Archive geben Zeugnis von den Hochwasserkatastrophen der Jahre 1846, 1856 und 1966. Glücklicherweise hat sich die Loire inzwischen etwas gemäßigt und 6500 Kubikmeter pro Sekunde nie mehr überschritten; dies entspricht allerdings immer noch der Wasserführung des Blauen Nil bei Hochstand oder des Mississippi oberhalb von St. Louis.

In strengen Wintern kommt es durch die mitgeführten Eisschollen stellenweise auch noch zu Stauungen. In gewaltigen Platten treibt das Eis heran, sammelt sich an Brückenpfeilern und bildet somit Sperren, die sich stromaufwärts verbreitern und einen Teil der Wassermassen stauen. Den stromabwärts gelegenen Gebieten droht daher unweigerlich die Gefahr plötzlicher Überflutungen bei Tauwetter.

So versuchten die Anrainer auch schon sehr bald, sich gegen die wilden Wasser zu schützen. Die ersten geschichtlich belegten Arbeiten wurden im 12. Jahrhundert im Val d'Anjou vorgenommen. Am rechten Flußufer wurde ein Damm errichtet, *turcie* genannt, und später zwischen der Allier- und Mainemündung eine durchgehende Ufermauer aus Steinen und Erde. Hier und da wurden Flußbiegungen begradigt, zu niedrige Böschungen aufgeschüttet oder Überlaufbecken ausgehoben, aus denen das Wasser langsam abfließen konnte; dadurch senkte sich der Wasserstand, und gleichzeitig wurde fruchtbarer Schlamm abgelagert.

Im 19. Jahrhundert versuchte man, durch immer höhere Schutzbauten die Hochwasser zu bändigen; aber je steiler die Mauern wurden und je mehr sie das Flußbett einengten, desto höher stieg auch der Wasserspiegel. Nach 1866 war man gezwungen, auf das Überlaufsystem zurückzukommen; so gibt es heute zwischen Nevers und Tours etwa zehn dieser Auffangbecken. In letzter Zeit hat man sich darauf beschränkt, das innere Bett auszubaggern und die Dämme zu befestigen.

Die Zeit der Schiffahrt

Weder niedriger Wasserstand noch reißende Fluten hinderten die Bewohner des Loiretales daran, den Fluß für die Beförderung von Personen und Gütern zu nutzen. Die vielen seichten Stellen zwangen zum Bau von breiten Kähnen mit geringem Tiefgang. Flußaufwärts setzten die Schiffer ein Segel, um den Westwind zu nützen, meistens aber half nur das Treideln: Fünf bis sechs Männer zogen das Boot an einem Tau gegen die Strömung. Aufwärts fuhren die Schiffe beladen mit Weinen aus dem Anjou, Zucker und Gewürzen von den Antillen und Klippfisch aus Grönland; zurück führten sie Holz und Kohle, Weizen und Baumaterial. Andere Boote brachten Reisende in die Touraine und die Bretagne.

Um den Flußschiffern das Anlegen zu erleichtern, hatte man Rampen angelegt und im Fluß parallel zum Ufer verlaufende Steindämme errichtet, um so das Wasser an sie heranzuleiten. Über Montargis und das Gebiet des Nivernais führten Kanäle, die die Loire mit der Seine verbanden. Ein Seitenkanal in der Ebene verband Roanne mit Nevers und Briare. An Vienne, Sarthe und Mayenne wurden Schleusen errichtet; künstliche Wasserstraßen wurden ebenfalls angelegt, um den Cher bis Bourges und Montluçon zu verlängern.

Kaum waren diese Wasserwege erschlossen, wurden die Schiffe von der schnelleren Eisenbahn überholt: 1843 erreichte sie Orléans und 1846 Tours. Und im 20. Jahrhundert fuhren dann auf Loire, Cher und Vienne keine Schiffe mehr, die Dämme und Rampen verfielen, die Kanäle versandeten.

Wiederbelebung eines Flusses

Das lebenspendende Wasser ihrer Flüsse ließen die Anrainer nicht ungenutzt. Sie bewässerten damit ihre Obstgärten und Gemüsekulturen. Vom Becken von Forez bis zum Val d'Orléans, von den Jagdrevieren um Tours bis zu den Gemüsefeldern im Umkreis von Nantes verdankt das Land seinen fruchtbaren Boden dem Fluß. Städte und Marktgemeinden, Bauernhöfe und Dörfer beziehen ihr Trinkwasser aus der Loire und ihren Nebenflüssen. Selbst Paris erhebt heute Anspruch auf einen Anteil an diesem wertvollen Naß. Doch reicht das Wasser kaum für den Bedarf der Industrie, wobei allein die Kühlung der im Tal gelegenen Kernkraftwerke schon einen Großteil davon benötigt. Zwar steigt dadurch die Wassertemperatur leicht an, doch scheint die Fauna darunter noch nicht zu leiden.

Heute zieht es die Menschen mehr denn je in das Tal der Loire und zu ihren Nebenflüssen. Während der Sommermonate suchen Scharen von Urlaubern hier ihre Ferienhäuser auf oder bevölkern die Campingplätze. Für sie richtete man Badestrände ein; man staute den Allier bei Vichy, die Loire bei Blois und den Cher bei Tours, wo sich nun die weißen Segel der Boote im Winde blähen.

Die Bevölkerung des Tales sollte das bisher Erreichte aber nur als einen ersten Schritt zur Wiederbelebung der Loire betrachten.

Zunächst gilt es, die Wasserführung des Stromes zu regulieren. Um die extremen Schwankungen des Wasserstandes auszugleichen, müssen stromaufwärts noch mehr Wasserreservoire angelegt werden. Einige Staudämme sind bereits fertiggestellt, zum Beispiel bei Grangent, oberhalb des Beckens von Forze; der Staudamm von Villerest, oberhalb des Beckens von Roanne, befindet sich noch im Bau, weitere sind an Allier, Cher und Vienne geplant. Nach Abschluß dieser Arbeiten wird es an der Loire extreme Tiefstände wie bei Gien und verheerende Hochwasser wie bei Tours nicht mehr geben, wird das ganze Gebiet mit Energie aus Wasserkraft versorgt werden können. □

Atomkraft an stillen Ufern

Von Klaus-Peter Schmid

Seit Jahren haben Frankreichs Energiepolitiker das Tal der Loire zum Mittelpunkt ihrer Planungen gemacht. Der erste Reaktor des Kernkraftwerks bei Chinon (Foto) lieferte bereits 1962 Strom ins Netz, zwei weitere kamen 1964 und 1966 hinzu, ein vierter soll bis 1987 fertiggestellt sein. Drei Atommeiler gibt es allein in dem Gebiet zwischen Sancerre und Angers. Die Bevölkerung nimmt kaum Anstoß daran.

A m 10. Januar 1979 heulten in
Le Pellerin, einem kleinen Dorf
nahe der Loire-Mündung, un-
vermittelt die Sirenen. Sie kündigten
keine Katastrophe an, aber ein Ereignis, von dem manche Menschen eine
Katastrophe befürchten. Zur selben
Stunde unterzeichnete nämlich in Paris
Premierminister Raymond Barre ein
Dekret, das endgültig den Bau des
Kernkraftwerks von Le Pellerin besie-
gelte. Schon Wochen zuvor hatten die
Atomgegner Protestdemonstrationen
organisiert, weil sie angemessene
Schutzmaßnahmen vermißten. Straßen
wurden blockiert, Schulen, Geschäfte
und Fabriken geschlossen. Sogar zwei
Bürgermeister waren zurückgetreten,
und im nahen Nantes unterstützte der
Stadtrat die Protestler.

Doch dieses Bild von aufgebrachten
Kernkraftgegnern darf nicht täuschen.
Gerade im Loire-Tal sind in den letzten Jahren die Kernkraftwerke fast
wie Pilze aus dem Boden geschossen,
ohne daß die Bevölkerung daran Anstoß genommen hätte. In Avoine bei
Chinon wurden die ersten großen
Reaktoren gebaut. Die silberne Kugel
am Zusammenfluß von Loire und
Indre ist zu einer Art Wahrzeichen
geworden, das im Lande der Schlösser
heute als Selbstverständlichkeit hinge-
nommen wird.

Chinon blieb indes nicht lange der einzige Standort an der Loire. Saint-Laurent-des-Eaux, 15 Kilometer hinter
dem Schloß von Chambord, ist schon
seit 1969 aktiv; die Anlage wurde
1971 erweitert, und ein dritter Reaktor soll ab 1981 Strom liefern. Bis dahin dürfte auch Dampierre, einige
Kilometer nördlich von Gien, vollendet sein. Und bevor der Bau von Le
Pellerin abgeschlossen ist, hat wahrscheinlich bereits die Zentrale von
Belleville an der Mündung des Allier
(im Frühjahr 1979 ordnete das Ver-
waltungsgericht Orléans allerdings
vorerst Baustop an, da gegen Umwelt-
schutz-Bestimmungen verstoßen worden sei) ihre Arbeit aufgenommen.
Die Frage liegt auf der Hand: Wie
kann man eines der attraktivsten Tou-
ristenzentren im Land mit Kernkraftwerken geradezu bestücken? Eine
erste Erklärung ist in der geographi-
schen Lage zu suchen. Belleville-sur-
Loire, Dampierre, Saint-Laurent und
Avoine-Chinon liegen allesamt in der
Region Centre, also im Herzen Frankreichs. Sie sind eine Art Scharnier
zwischen der Ost- und Westhälfte des
Landes. Die Wege zum Verbraucher
sind damit nicht allzu lang, besonders
zur Metropole Paris, wo der meiste

Strom verbraucht wird. Die Standorte
sind zudem so gewählt, daß sie das
Auge der Touristen nicht stören. In
der Tat wird nirgends der Blick auf
historische Bauwerke beeinträchtigt.
Gelegentlich wurde sogar der Versuch
unternommen, die Fremdkörper in die
sanfte Landschaft einzupassen. Das ist
nur begrenzt gelungen. Doch für Le
Pellerin verspricht der Bauherr Electri-
cité de France (EDF) eine „Anlage
mit eleganter Linienführung".

Handfeste Steueranreize

Das zweite entscheidende Argument:
die Loire selbst. Die erste Generation
von Kernkraftwerken wurde aus-
nahmslos in Flußtälern errichtet, weil
reichliches Kühlwasser eine der
Grundvoraussetzungen für ihren Betrieb ist. Zunächst kamen nur Rhône
und Loire in Frage, weil die Seine zumindest westlich von Paris bereits
dicht mit Industrie besiedelt ist. Im
Rhône-Tal baute man vor allem Anlagen mit militärischer Bestimmung
(Pierrelatte, Marcoule), die Loire
wurde für zivile Zwecke ausersehen.
Erst seit kurzer Zeit ist die Technolo-
gie soweit entwickelt, daß Atomstrom
auch an der Küste gewonnen werden

kann. Folgerichtig sind heute zwischen Dünkirchen und der Garonne-
Mündung vier Kernkraftwerke im
Bau. Am dichtbesiedelten Rhein blieb
immerhin Platz für Fessenheim im
Elsaß.
Als dritter wichtiger Faktor erwies
sich die Bereitschaft der betroffenen
Bevölkerung, mit dem nuklearen Risiko zu leben. Der Bau von Chinon I
erregte keinerlei Widerstand oder Pro-
teste. Die Umweltschützer waren Anfang der sechziger Jahre noch kaum
organisiert, eine regelrechte Euphorie
ließ damals den Atomstrom noch als
ideale Alternative für ein Land erscheinen, das keine nennenswerten
Erdöllager hat und dessen Kohlevor-
räte zur Neige gehen. Nach der großen Energiekrise von 1973 setzte sich
diese Überzeugung erneut gegen die
schon stärkeren Bedenken durch. In
diese Zeit fällt der Baubeschluß für
Dampierre und die Erweiterung von
Saint-Laurent. Die Pariser Regierung
tat außerdem alles, um die Kommu-
nen aus der Reserve zu locken. Zu ge-
schickten Informationskampagnen kamen handfeste Steueranreize. Welcher
Bürgermeister macht bei seinen Wäh-
lern keinen Eindruck, wenn er ihnen
das längst versprochene Schwimmbad,

Foto: Achim Sperber

Reaktor von Saint-Laurent-des-Eaux: Bis 1975 kamen 60 Prozent des französischen Atomstroms aus dem Loire-Tal

die neue Straße, das ersehnte Gemeindezentrum in Aussicht stellt? Nachdem mittlerweile auch im Rhône-Tal fünf Kernkraftwerke im Bau sind, werden die Standorte rar. Auch an den Ufern der Loire sind die künftigen Möglichkeiten begrenzt. Bis 1975 kamen bereits über 60 Prozent des französischen Atomstroms aus dem Loire-Tal. Als etwa der Bau von Belleville in Angriff genommen wurde, schien auch offiziellen Stellen eine gewisse Oberschwelle erreicht. So wurde in einer Informationsbroschüre argumentiert: „Wenn es unser Ziel wäre, jeder Region die autonome Versorgung mit Strom zu garantieren, dann bräuchte die *Region Centre* natürlich kein neues Kernkraftwerk mehr." Doch Belleville bot beträchtliche Vorteile: Der Wasserhaushalt der Loire verträgt noch die unvermeidliche geringe Erwärmung, der Untergrund ist vorzüglich für das Projekt geeignet, und anders als in waldreichen Gegenden kann auch auf einen Eingriff in die Natur verzichtet werden.

Gerade im Loire-Tal werden auch die Risiken einer „äußeren Aggression" gering eingeschätzt. So stellt man stets Untersuchungen über die Wahrschein-lichkeit von Erdbeben an und kalkuliert selbst Flugzeugabstürze ein. Die Anlagen von Chinon, Saint-Laurent oder Dampierre könnten gar die Explosion einer Atombombe, wie sie Hiroshima zerstörte, ohne Gefahr für den Reaktor überstehen. Auch den Weinbauern und Landwirten wird versichert, sie bräuchten keine Veränderung des Mikroklimas zu befürchten, weil etwa die Dämpfe aus den Kühltürmen die Temperaturen oder die Luftfeuchtigkeit nachhaltig beeinflussen könnten. Stattdessen wird mit einer landwirtschaftlichen Nutzung des erwärmten Kühlwassers experimentiert. In Saint-Laurent heizt man damit heute Gewächshäuser auf einer Fläche von 3000 Quadratmetern.

Hochwasser keine Gefahr

Die Erwärmung nach Abgabe des Kühlwassers wird im Bereich von Belleville auf maximal fünf Grad (zwischen Juni und August) geschätzt – ein nach amtlicher Ansicht unbedenklicher Wert. Bei einem Mindestwasserstand, wie ihn die Loire an 325 Tagen des Jahres überschreitet, beträgt die Erwärmung gerade 1,30 Grad. Bis zum nächsten Kernkraftwerk von Dampierre bleibt ein Restwert von maximal 0,55 Grad. Und wenn sich die träge Loire einmal in einen reißenden Fluß verwandelt? Auch hier haben die Techniker eine beruhigende Antwort parat. Selbst wenn sich das historische Hochwasser von 1856 verdoppeln würde, stünden die Reaktoren noch auf trockenen Füßen. Der Reaktor von Saint-Laurent zum Beispiel steht auf einer Plattform, die das Ufer noch um dreieinhalb Meter überragt.

Touristische Attraktion

Natürlich versuchen die Nuklearstrategen auch, der Bevölkerung neue Kraftwerke als stimulierenden Wirtschaftsfaktor schmackhaft zu machen. Das Beispiel von Saint-Laurent-des-Eaux ist aufschlußreich. Hier ging die Bevölkerungszahl bis zum Beginn der Bauarbeiten beständig zurück. Die Gemeinde hatte 1963 noch 950 Einwohner (gegenüber 1600 im Jahre 1850). Als der Bau 1972 abgeschlossen war, lebten hier wieder 1750 Menschen. Davon profitierte natürlich vor allem der Einzelhandel. Denn plötzlich gab es am Ort eine Apotheke, einen Metzger, ein Hotel, und auch ein Friseur hatte sich hier niedergelassen. Darüber hinaus siedelten sich mehrere kleinere Betriebe mit bis zu 50 Mitarbeitern an.

Schließlich fallen schon allein durch den Betrieb eines Kernkraftwerks Einnahmen für die Gemeindekasse ab, nämlich Grundsteuer und Gewerbesteuer. Der Komplex von Belleville soll jährlich nicht weniger als 25 Millionen Francs (rund 10,8 Millionen Mark) an Einnahmen für den Ort selbst sowie einige Nachbargemeinden abwerfen.

In Frankreich verdoppelt sich erfahrungsgemäß der Stromverbrauch etwa alle zehn Jahre. 1977 lag der Anteil des Atomstroms noch bei relativ bescheidenen 8,4 Prozent, doch bis zum Jahr 1985 will Frankreich diese Quote auf 50 Prozent steigern. Das Ziel ist äußerst ehrgeizig, vor allem aber nur mit Hilfe zusätzlicher Reaktoren zu erreichen.

Das Loire-Tal wird dabei als Standort eine zentrale Rolle spielen. Einstweilen scheinen sich die Touristen daran wenig zu stoßen. Im Gegenteil: 100 000 von ihnen pilgern im Jahr nach Saint-Laurent, um das Kernkraftwerk zu besichtigen. Aus dem befürchteten Touristenschreck ist schon längst eine zusätzliche Attraktion geworden. □

Hier zählt das Rot der Trikolore nicht

Hervé Bazin

Wenn man in Angers Boule spielt, dann nicht das in Frankreich landläufige: Die Angeviner haben ihr eigenes. Sie sind Lokalpatrioten durch und durch und halten eifersüchtig an Traditionen fest.

Seit mindestens vier Jahrhunderten bin ich Angeviner. Das Einwohnermelderegister, seit dem Erlaß Franz' I. in Frankreich obligatorisch, enthält eine Eintragung, die besagt, daß in einem Vorort der Stadt ein gewisser Guillaume, ein Hufschmied, lebte: Ich bin sein Nachkomme in der 14. Generation, in Angers geboren und aufgewachsen.

Die mir so vertraute Heimatstadt und -provinz habe ich zum Hintergrund der Hälfte meiner Bücher gewählt. „Nur im eigenen Stammbaum singt man gut", hat Max Jacob gesagt. Ich stamme aus Angers wie der blaue Schiefer und der weiße Kalksandstein, die den Dächern und Wänden unserer Häuser ihre charakteristischen Farben verleihen. Diese Farben stimmen seit langem mit den Ansichten der Einwohner überein, die fast alle mehr oder weniger Urenkel der *Chouans* (der Königstreuen während der Französischen Revolution) sind, so daß man ohne weiteres sagen kann: „Hier zählt das Rot der Trikolore nicht." Allerdings hat Angers, zur allgemeinen Überraschung, eine sozialistische Stadtverwaltung, was jedoch auf die starke Industrialisierung in den Randgebieten zurückzuführen ist.

Vor Legenden sollte man sich hüten. Das „liebliche Angers", das unser Dichter Joachim Du Bellay so schön besungen hat, kann eigentlich nur das Klima, die Landschaft oder das heitere Licht meinen, das von unserer altehrwürdigen und sandreichen Mutter Loire ausgeht. In Wirklichkeit ist sie, wie wir Menschen auch, durchaus zu zornigen Ausbrüchen fähig. In der Feudalzeit war Angers eine heißumstrittene Hauptstadt, deren Bedeutung sich nur mit Dijon vergleichen läßt, wo die Kapetinger herrschten, die Rivalen der älteren Linie der Plantagenêts. Angers ist die einzige französische Stadt, die sich rühmen kann, daß ihre Anjou-Plantagenêt-Herzöge sowohl Könige von England wie von Ungarn, Neapel-Sizilien und Polen wurden. Das französische Königshaus wußte sehr wohl, daß Angers der Schlüssel zu den westlichen Provinzen war – selbst das Stadtwappen trägt das Schlüssel-Symbol. Ludwig IX. (1226–1270) ließ deshalb auch eine riesige Festung bauen, die größte des Königreiches.

Geographisch gesehen, ist die Gegend um Angers dem Pariser Becken sehr ähnlich, ist Kopf und Herz einer geschlossenen Region, die etwa der Ile de France, dem Herzen von Paris, entspricht: Als Schnittpunkt von Erinnerungen, Straßen, Gewässern ist das Land um Angers gleichzeitig die Gegend der Weinstöcke, der Blumen und der Erzfranzosen – im Volksmund nennt man sie schlicht *la vallée* (das Tal) und *le bocage* (das Gehölz). Wenn man dies weiß, werden auch seine geschichtliche Vergangenheit und die Tatsache verständlicher, daß Angers durch alle Jahrhunderte hindurch der Anziehungskraft von Paris, dem Mittelpunkt unseres zu zentralistischen Staates, widerstanden hat. Angers kann heute zwar keine unabhängige Politik betreiben, aber der Wunsch nach Eigenständigkeit ist immer noch tief in uns verwurzelt, und mit der gleichen Beharrlichkeit, mit der unsere Landsleute an uns etwas auszusetzen haben, nehmen wir sie aufs Korn.

Das Herzogtum gibt es nicht mehr, aber das Département Maine-et-Loire setzt sich trotz der Zerstückelung nach der Revolution immer noch zur Hauptsache aus den wichtigsten Teilen der Provinz zusammen. Es ist uns zwar ein Dorn im Auge, daß Angers heute eine Stadt zweiten Ranges ist, aber wir stellen alles an, das geflissentlich zu ignorieren.

Die alten, von Boulevards umgebenen Stadtteile haben ihr typisches Aussehen bewahrt (die Häuser durften nicht über eine bestimmte Höhe hinausragen). Der Angeviner ist ein Lokalpatriot und hält eifersüchtig an Traditionen fest. Nur die feierliche, bis ins 11. Jahrhundert zurückreichende Fronleichnamsprozession, an der jedes Jahr Hunderte von Gläubigen in historischen Kostümen teilnahmen (auch mein Vater in seiner Magistratsrobe hat noch zum Gefolge gehört),

Das Maison d'Adam, ein Fachwerkhaus des 16. Jahrhunderts

ist Verkehrsproblemen zum Opfer gefallen. Alle übrigen Traditionen haben überdauert, im offiziellen wie im privaten Bereich. So vertreibt sich zum Beispiel der Angeviner die Zeit nicht beim *pétanque*, dem Boule-Spiel, das in Südfrankreich zu Hause ist: Wir haben unser eigenes Boule.

Die Akademie sorgt seit der Zeit Ludwigs IX. für den „frischen Wind aus dem Anjou", wie man bei uns sagt: Sie fördert altes Volkstum – Tänze, Lieder und so weiter – und verhilft zum Beispiel auch der Zunft der *Faiseux de rillauds* (der Schmalzmacher) zu neuem Leben.

La Société (mit großem S: die feine Gesellschaft) ist zwar nicht mehr ganz so verschlossen wie früher, doch wenn jemand neu zuzieht, dauert es mindestens zehn Jahre, bis er wirklich Zutritt gefunden hat. „Le Courrier de l'Ouest", die Lokalzeitung, bei der jeder mehr nach seinen Verdiensten um Angers beurteilt wird als nach seinen journalistischen Fähigkeiten, beherrscht konkurrenzlos die angevinische Presselandschaft. Mehr als andernorts sind die Straßen nach lokalen Persönlichkeiten benannt: unter anderem nach François Rabelais (der hier eine Zeitlang gelebt hat), nach dem Dichter Joachim Du Bellay, dem Grammatiker Gilles Ménage, dem Philosophen Volney de Chasseboeuf, dem Chemiker Proust, dem Bildhauer David d'Angers und La Réveillère, einem Mitglied des von Napoleon gestürzten Direktoriums. Alle Namen jener Männer, die sich mit dem Säbel in die Geschichte Angers geschlagen haben, will ich nicht aufführen – die Liste nähme kein Ende.

Von allen Bemühungen in Angers, Traditionen zu pflegen und gleichzeitig den Anschluß an die Erfordernisse der Gegenwart nicht zu verlieren, verdient eine, besonders hervorgehoben zu werden: die Bemühung um die architektonische Einheit der Stadt. Selbstverständlich gibt es in Randgebieten neue Viertel, aber die Bauten wachsen nicht in den Himmel. Weder Betontürme noch Straßenunterführungen verunstalten das Stadtbild. Die einschiffige Kathedrale Saint-Maurice mit hohem Gewölbe ist im Stil zwar sehr uneinheitlich, aber sie hat wunderschöne Glasfenster (sie ist übrigens der Gründungsbau des sogenannten Plantagenêt-Stils, den man auch jenseits des Ärmelkanals findet). Das Maison d'Adam, das Logis Barrault's (Museum mit dem Gesamtwerk David d'Angers), das Hôtel de Pincé, ein Meisterwerk der Renaissance, die

Angers, die 143 000 Einwohner zählende Hauptstadt des Départements Maine-et-Loire, hat es immer verstanden, ihre Eigenständigkeit im zentralistisch regierten Frankreich weitgehend zu behaupten. Wie auf der Luftaufnahme erkennbar, wird das Stadtbild vor allem von der festungsartigen Schloßanlage bestimmt. Hier befindet sich auch das Ausstellungsgebäude mit den Wandteppichen der „Apokalypse", von denen einige auf den nächsten Seiten gezeigt werden

Kirche Saint-Serge mit seltenen Wandmalereien, die Abteikirche Notre Dame du Ronceray, der Tour Saint-Aubin, der Kreuzgang des ehemaligen Hospitals Saint-Jean, das Hôtel des Pénitentes sind nur einige der Sehenswürdigkeiten neben vielen alten Fachwerkhäusern mit reichen Holzschnitzereien.

Hauptattraktion für Touristen sind das Schloß und die Ausstellungsräume des Museums für Tapisserien, eines der bedeutendsten der Welt: Hier kann man die schönen Wandteppiche „Dame an der Orgel" oder „Penthesilea, Königin der Amazonen" bewun-

dern und vor allem den großartigen Bildteppich-Zyklus „Apokalypse". Seit kurzem besitzen wir auch die Serie „Le Chant du Monde" von Jean Lurçat, so daß die modernen Wandteppiche nun die Kollektion der alten Werke vervollständigen. Auch das kulturelle Leben der Stadt wurde durch verschiedene künstlerische Darbietungen bereichert, von denen besonders das Theater-Festival zu nennen ist, das zweitwichtigste in Frankreich nach den Festspielen von Avignon.

Bewahren muß nicht gleichbedeutend sein mit einengendem Konservatis-

mus. Angers hat sein Gesicht behalten und sich dennoch tiefgreifend verändert: Die Einwohnerzahl ist in den vergangenen 50 Jahren fast um das Doppelte gestiegen, was zur Folge hat, daß sich das Stadtgebiet beträchtlich ausdehnte und daß die Vororte sich, wie woanders auch, ins Umland gefressen haben. Außerdem hat es in der Wirtschaft eine grundlegende Umstrukturierung gegeben, was zum Teil auf moderne Arbeitsmethoden zurückzuführen ist – zum Beispiel in der Schiefergewinnung: Dieser Wirtschaftszweig hat fast eine Monopolstellung, denn 87 Prozent der französi-

schen Schieferproduktion stammen aus Angers. Die Textilindustrie, die lange Zeit die Fregatten des Königs oder Kaisers mit Segeltuch ausgestattet hatte und sich Anfang dieses Jahrhunderts auf die Herstellung von Tauen umstellte, produziert heute vorwiegend Zelte und Camping-Material. Der erste Mähdrescher in Frankreich wurde von einer Landmaschinenfirma in Angers konstruiert. Auch die Likörhersteller aus der Gegend um Angers haben sich mit dem „Triple-Sec", „Cointreau" und „Guignolet" einen neuen Markt erschlossen. Aus Angers kommen außerdem Millionen von Fernsehgerä-

ten, Elektronenrechner aller Größen, Scheinwerfer, Fahrstühle, Kupfer- und Eisenwaren, Zinn, Werkzeugmaschinen, Bremsen, pharmazeutische Produkte und vieles mehr. Nicht vergessen sollte man die Blumenzucht (an dritter Stelle in Frankreich) und den Gemüseanbau, die so an Bedeutung zugenommen haben, daß sich sowohl die Staatliche Schule als auch das Institut für Agrarforschung und das Laboratorium für Pflanzenphysiologie hier auf unserem reichen „Alluvium" niedergelassen haben.

Diese alte französische Stadt mit neuem Leben pflegt auch Kontakte

über die Landesgrenzen hinaus: So unterhält sie zum Beispiel Partnerschaften mit Osnabrück und Haarlem in den Niederlanden.

Ich bin ihr weder entfremdet, noch gibt sie mir Anlaß zur Sorge über Rückständigkeit durch übertriebenes Festhalten an alten Traditionen. Ich bin vielmehr dankbar, daß sie trotz vieler Wandlungen eine Stadt des Mittelmaßes geblieben ist, in der man seine Identität nicht verliert. Und ich bin zuversichtlich, wenn ich an ihre Zukunft denke: Der Schlüssel in ihrem Wappen wird ihr auch weiterhin neue Wege öffnen. □

Die „Apokalypse" von Angers ist der älteste erhaltene Wandteppich-Zyklus, der in Frankreich gewebt wurde. Vermutlich ist er auch der größte, der jemals auf einem Webstuhl entstand. Auftraggeber war der kunstliebende Herzog Ludwig I. von Anjou. Bei Hennequin von Brügge, dem Hofmaler seines Bruders, König Karl V., ließ er Entwürfe anfertigen, wozu er dem Künstler als Vorbilder Miniaturen zukommen ließ, die er sich aus der Bibliothek seines königlichen Bruders ausgeliehen hatte. Die Ausführung übernahm der berühmte Weber Nicolas Bataille in Paris. Nach einer Herstellungszeit von weniger als sieben Jahren dürfte er sein Werk nach 1380 vollendet haben. Ursprünglich bestand der Bildzyklus wahrscheinlich aus 98 Szenen, verteilt auf sieben einzelne Teppiche: Nach Johannes, dem Verfasser der „Apokalypse", entspricht die Zahl sieben der Vollkommenheit. Jeder dieser Wandteppiche

war nahezu sechs Meter hoch und 24 Meter lang. Im Laufe der Jahrhunderte – während der Französischen Revolution zerschnitt man die Teppiche, benutzte sie als Decken, Bettvorleger oder Abdeckplanen, um Orangenbäume vor der Winterkälte zu schützen – ging etwa ein Drittel der Szenen verloren. Die erhaltenen Teppiche, Einzelszenen und Fragmente hängen heute in einem 1953/54 eigens dafür errichteten Ausstellungsgebäude auf dem Gelände des Schlosses von Angers. Die „Apokalypse" des Johannes gehört zu den gewaltigsten, bilderreichsten Texten der Heiligen Schrift; er ist zugleich ihr dunkelster und geheimnisvollster. Johannes schildert seine Visionen

als Verbannter auf der Insel Patmos: Bilder der kommenden Schreckenszeit, der Herrschaft des Antichristen. Doch am Ende der Peinigungen und Leiden steht die Herrlichkeit des Reiches Gottes. Unter den vielen Versuchen, das Absonderliche und Vernunftwidrige der Johannes-Visionen in Bildern zu veranschaulichen, ragen zwei Versuche heraus: Albrecht Dürers 1498 vollendete Holzschnittfolge und die „Apokalypse" von Angers. „Kein Mensch kann weder schriftlich noch mündlich den Wert, die Schönheit und die Vornehmheit dieser Tapisserien zum Ausdruck bringen", schrieb um 1400 ein Bürger der Stadt Arles.   WILFRIED HANSMANN

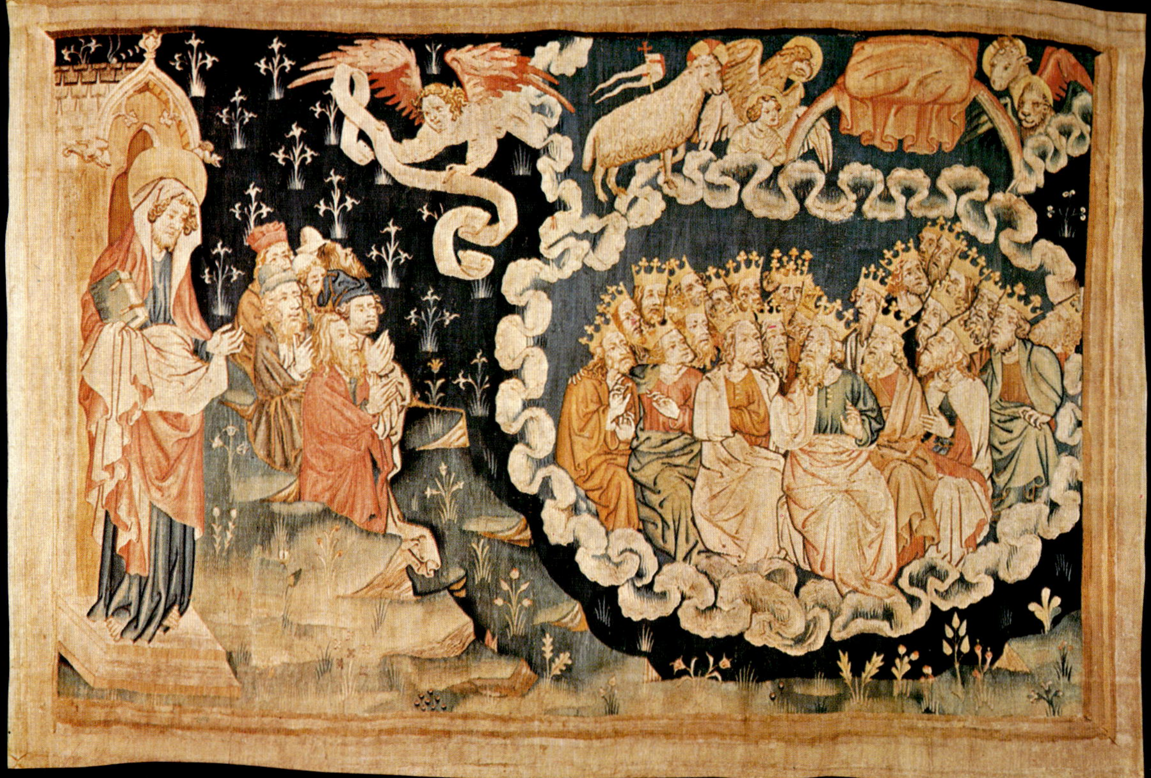

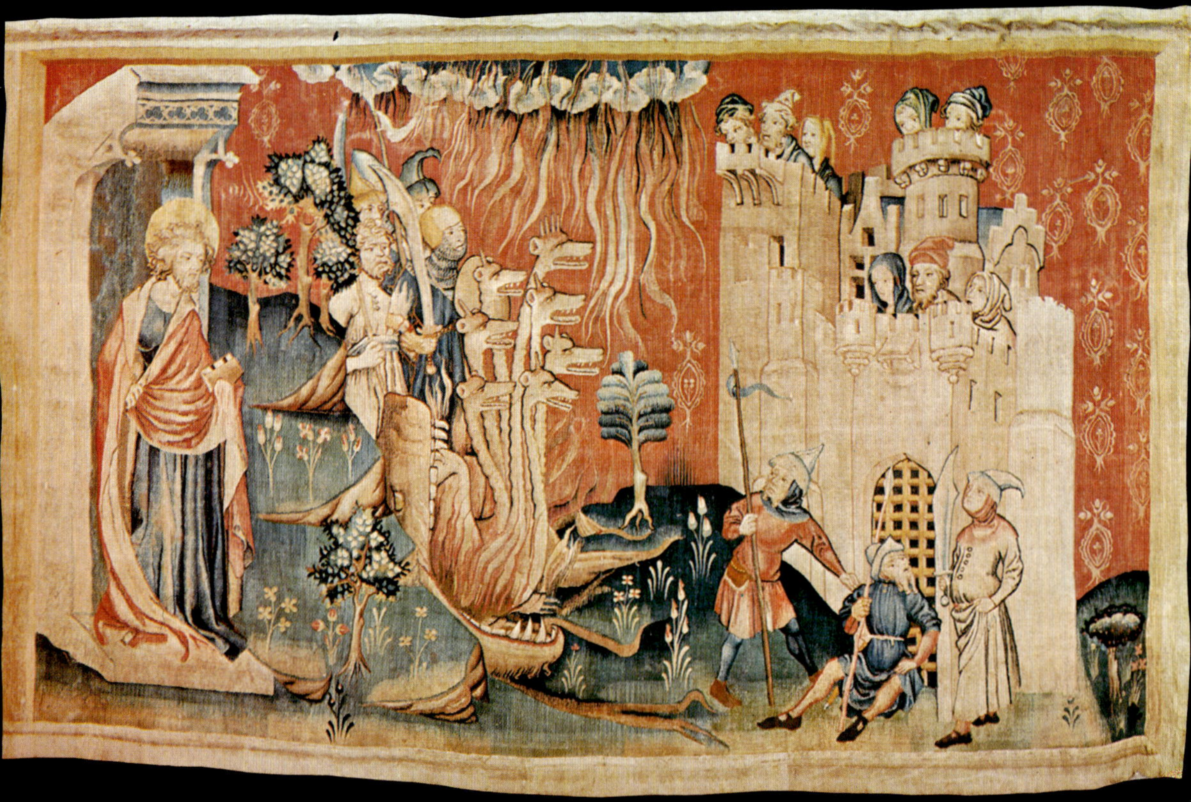

Christus bezwingt die Ungeheuer

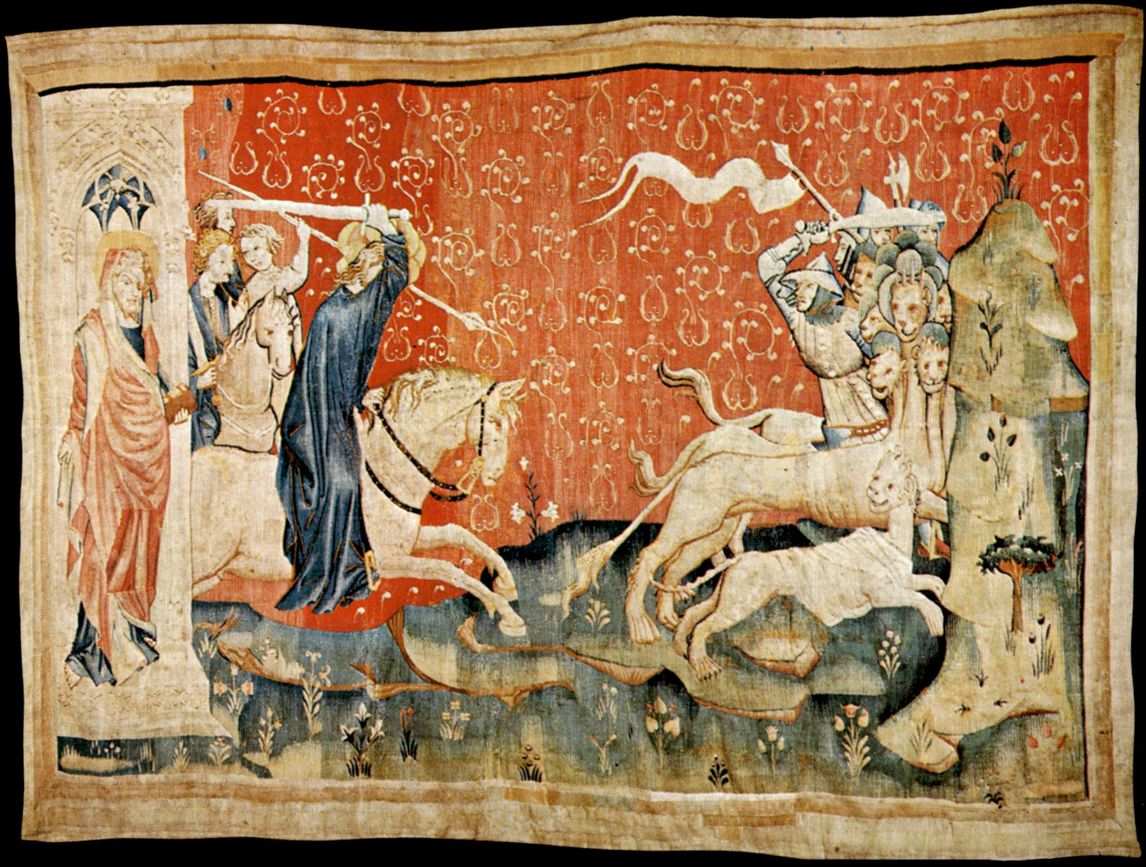

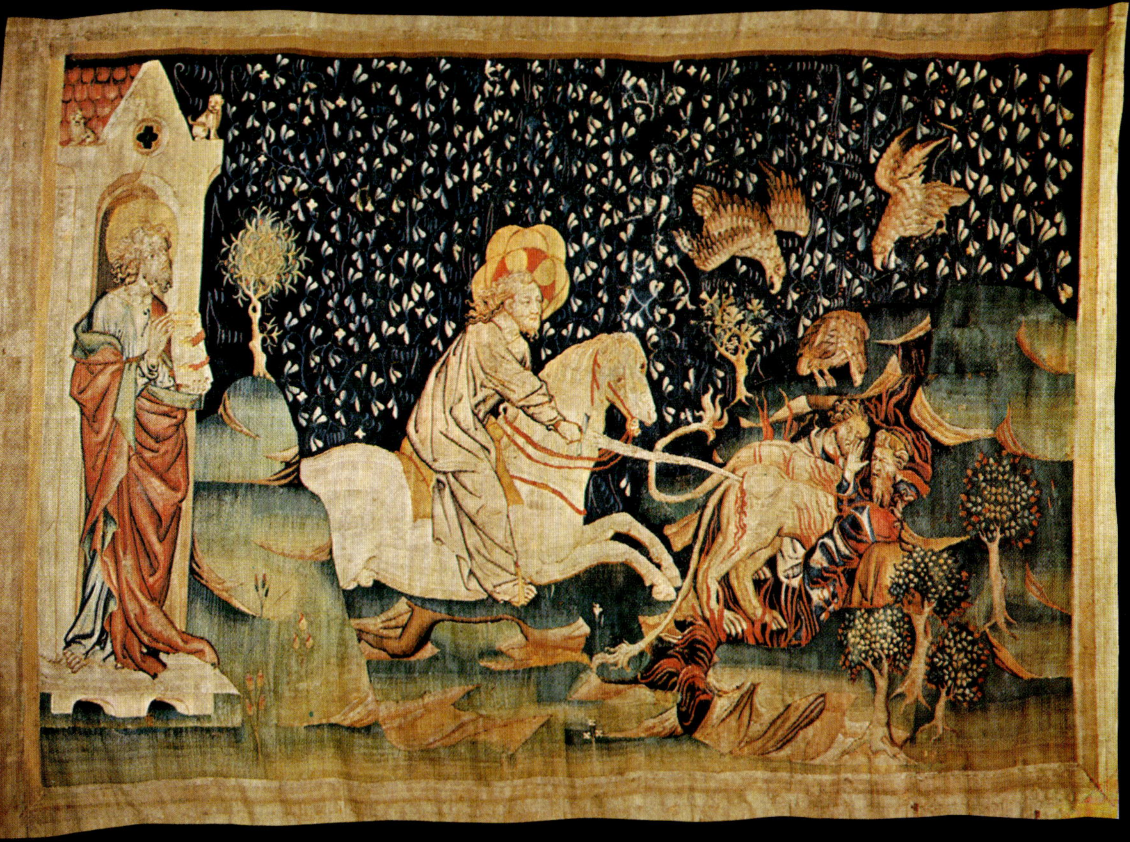

Das Ungeheuer wird in den Feuersee geworfen

Orléans: In der Kathedrale Sainte Croix feierte
man 1920 die Heiligsprechung Johannas (s. S. 101)

Tagsüber arbeiten die Bauern von Turquant in den Weinbergen
oder an den unterirdischen Champignon-Kulturen — Pferdemist ist
dafür ein wichtiges Düngemittel (Foto) —, und abends
treffen sie sich in der „Société", ihrem Club, und spielen Boule. Da
herrschen strenge Regeln: Wer nicht zu den Versammlungen
erscheint oder bei der Beerdigung eines Clubmitglieds fehlt, muß
Bußgeld zahlen. Frauen haben inzwischen Zutritt — früher
war auch das sträflich. Aber mitmischen? Das dürfen sie nicht.

Chris Kutschera

Vater Poitevin und seine Brüder

Turquant ist eines jener Dörfer im Tal der Loire, wo die Bauern über und unter der Erde arbeiten: in den Weinbergen und in den Höhlen. „Auf den Straßen unseres Dorfes war nie viel los," erklärt ein Winzer, „weil wir im Frühjahr und Sommer immer in unseren Weinbergen oder auf den Feldern zu tun hatten, ja, und im Winter, da haben wir im Berg gearbeitet."

Im Berg arbeiten, das bedeutete in Turquant, Brocken für Brocken den Tuff mit einer Eisenpike herauszuhakken, deren Spitze täglich vom Dorfschmied neu geschärft wurde. Tuff ist der schöne weiße Kreidestein, aus dem die Schlösser und Häuser der Touraine und des Anjou gebaut sind. Jahrhundertelang haben die *perreyeurs* (so nannte man die Männer, die den Tuff zu Tage förderten) im Berg gearbeitet. Nachdem sie die besten Adern des Kreidegesteins ausfindig gemacht hatten, trieben sie unter der Erde Stollen bis zu ein oder gar zwei Kilometern Länge in den Fels. Der Tuff wurde mit Pferdewagen zum Ufer gebracht — Anfang dieses Jahrhunderts gab es 200 Pferde in Turquant — und dort auf flache Lastkähne verladen. Alle Hänge über dem südlichen Loire-Ufer zwischen Montsoreau und Saumur sind ausgehöhlt.

Vater Poitevin, ehemals Hufschmied und heute Besitzer des Schlosses von Turquant, hat den letzten *perreyeur* noch gekannt: „Das war mein Vetter Chauvelas, während des Ersten Weltkriegs. Einmal ging ich mit meinem Vater im Weinberg spazieren, und

plötzlich hörten wir dumpfe Schläge. Mein Vater sagte: ‚Das ist der Vetter, der arbeitet zehn, zwölf Meter unter uns!' Und dann klopfte er auf einen Grenzstein — es gab einen ganz bestimmten Kode —, um ihm zu verstehen zu geben, daß er die Richtung ändern müsse. Denn er war auf dem besten Weg, in das Nachbargelände einzudringen. Wenn man das nicht beachtete, gab es Ärger. Früher haben sich die Nachbarn gegenseitig überwacht." All dies hörte nach 1918 auf, die Tuffadern waren bald völlig abgebaut, die Loire war versandet und nicht mehr schiffbar.

Damals entwickelte sich ein neuer Wirtschaftszweig: die Zucht der *champignons de cave*. Das heißt: In den Höhlen zwischen Montsoreau und Saumur entstanden — zum Teil sehr große — Champignon-Kulturen, die inzwischen drei Viertel der gesamten Champignon-Produktion Frankreichs erbringen. Deshalb können die Bewohner von Turquant heute auch mit Recht sagen, sie seien die einzigen Bauern der Welt, die auf zwei Ebenen arbeiten: über Tage im Weinbau, unter Tage in der Champignon-Zucht. „Früher", erzählt der alte Poitevin, während wir im Schloßkeller seinen Wein kosten, „früher genügte es fast, ein Stück Holz in die Erde zu stecken, und es schlug Wurzeln. Von Zeit zu Zeit grub man den Boden ringsherum um; die Weinstöcke brauchten nicht besonders behandelt zu werden. Heute ist das nicht mehr so einfach, der Wein aus Turquant ist

aber immer noch hervorragend." (Zu empfehlen sind der Chenin blanc und der Rotwein aus Champigny.)

Aus den Hängen kam das Baumaterial für die Schlösser, und außerdem boten die unterirdischen Steinbrüche den Menschen von Turquant auch Wohnraum. Einst lebten alle Bewohner der Dörfer Montsoreau und Turquant in Häusern, die direkt in die Felswände gebaut waren. Die Innenräume lagen im Berg, die Fassade wurde aus Tuff vor der Höhlenöffnung errichtet. Eine solche Behausung bestand meist aus mehreren Zimmern auf einer oder zwei Etagen, in denen Sommer wie Winter eine Temperatur von plus 12 bis 15 Grad herrschte. Sie besaß immer einen Schornstein, der oben im Hügel zwischen den Weinstöcken herausragte, und einen Brunnen von 25 bis 30 Metern Tiefe. Die Treppe, falls vorhanden, war direkt in den Fels gehauen. Eine solche Wohnung erleichterte in hohem Maße die Arbeit des Winzers: Er konnte von seinem Weinberg aus die Trauben über eine Schütte direkt zur Kelter leiten. Heute leben nur noch wenige Menschen — vor allem alte — in Höhlenwohnungen.

Turquant gehört ohne Zweifel auch zu jenen Dörfern an der Loire, wo man sehr auf Tradition hält. Um sich davon zu überzeugen, genügt es, einmal die *Société* zu besuchen, den Club der Dorfbewohner, der Versammlungsraum, Bistro und Sportzentrum zugleich ist.

In der *Société* treffen sich die Männer,

Fotos: Chris Kutschera (2); Paul Almasy

um Karten zu spielen, die Zeitung zu lesen oder einen Schoppen einfachen weißen Landwein zu trinken.

Zutritt finden nur eingetragene Mitglieder – in Turquant sind es 75 – oder geladene Gäste. Oberstes Gesetz ist gegenseitiges Vertrauen: Jeder kann sich mit Wein bedienen soviel er will, muß aber für jede Flasche eine Münze in die Gemeinschaftskasse legen. Am 1. April versammeln sich alle Clubangehörigen, um neue Mitglieder zu wählen. (In diesem Jahr standen vier Kandidaten auf der Liste, darunter auch der Pfarrer. „Unser

Dorf ist eher gegen die Pfaffen eingestellt", erklärt Henri Poitevin, „aber unser Pfarrer ist in Ordnung: Er arbeitet und nimmt seine Sache ernst.") Die Abstimmung erfolgt mit Spielmarken: Schwarz bedeutet Ablehnung, Weiß Zustimmung. Der Pfarrer wurde übrigens mit 17 von 19 Stimmen in die *Société* aufgenommen.

Der beliebteste Zeitvertreib im Club ist *boule de fort,* eine Art des Boule mit Kugeln, bei denen der Schwerpunkt verlagert ist, was den Spielern sehr viel Geschicklichkeit abverlangt. Normalerweise stehen sich zwei Par-

teien gegenüber, höchste Punktzahl ist elf. Gute Mannschaften erreichen in der Regel vier und vier oder vier und fünf Punkte. Aber es kommt natürlich auch vor, daß eine Gruppe die andere vernichtend schlägt und mit elf Punkten siegt. Die Besiegten müssen dann „das Mädchen küssen".

Damit hat es folgende Bewandtnis: Hinter einem Vorhang hängt an der Wand ein Foto von der Rückseite einer nackten Frau. Auf deren Hinterteil müssen die Verlierer einen Kuß drücken. Allerdings gibt man sich nicht mehr mit Papier zufrieden: Ein Stein-

Heute leben die meisten Bewohner Turquants nicht mehr in Höhlenwohnungen (links). Alte Gewohnheiten aber wie das Boule-Spiel und den Schoppen Wein im Club geben sie nicht auf

metz des Dorfes arbeitet gerade an einem Relief.

Seit einigen Jahren lockern sich die alten Regeln. So dürfen inzwischen auch Frauen den Versammlungsraum betreten, sie haben jedoch immer noch nicht das Recht zu spielen. Früher mußte jeder Bußgeld zahlen, der einer Frau Zutritt zur *Société* verschaffte. Ganz ohne Strafen geht es aber immer noch nicht im Club, und wenn es nur ein Franc ist. Den hat man zum Beispiel zu entrichten, wenn man nicht zu den Versammlungen erscheint, beim Begräbnis eines Mitglieds fehlt oder

den „Stubendienst" vernachlässigt: Abwechselnd muß jeder einmal den Versammlungssaal aufräumen oder den von allen gestifteten Wein in Flaschen abfüllen. Wer diese Pflichten nicht erfüllt und keinen im Club findet, der sie ersatzweise übernimmt, ist fällig für die Strafe.

Die jungen Männer im Dorf machen sich nichts daraus. „Sie gehören zwar der *Société* an, aber man sieht sie nicht sehr oft", stellt ein alter Winzer mit Bedauern fest. „Wenn sie verheiratet sind, fahren sie mit dem Wagen ins Grüne, um mit ihren Frauen spazie-

renzugehen. Wir haben unsere Frauen so erzogen, daß sie im Haus bleiben und unsere Socken stopfen, während wir Boule spielen."

So ist es nun einmal: Auch vor Turquant macht die neue Zeit nicht halt. Die Kolonial- und Kurzwarenhändlerin, Madame Fleury, sieht mit Sorge, daß viele ihrer alten Kunden die Supermärkte ihrem kleinen Laden vorziehen. „Eine verdrehte Welt, wenn man bedenkt, daß es die Pariser sind, die zu mir kommen, weil sie hier das finden, was sie anderswo vergeblich suchen", wundert sie sich. □

In Turquant — wie überall in der Touraine und im Anjou — haben die Landmaschinen das Pferd verdrängt. Doch auf schwierigem Gelände ist es auch heute noch unersetzbar

ZWEI RÄDER UND VIER STÄDTE

Von Ruth Gerisch-Bydekarken

Die Loire hat's gern gemächlich. So ist es kein Wunder, daß schnell mit ihr vertraut wird, wer statt mit dem Auto per Fahrrad ihre Ufer erkundet. Etwa 360 geschichtsträchtige Fahrradkilometer, von Angers über Amboise (links) bis Orléans, kann man pauschal im Reisebüro buchen.

Ein Knall, und schon können wir uns ins grüne Himmelbett der Clochards legen. „Entschuldigen Sie", sagt der 72jährige Kaufmann aus Schleswig-Holstein, „ich bin wohl über einen Dorn gefahren." „Was meinen Sie, wie dankbar wir für diese Panne sind", beruhigt ihn der Augenarzt und macht es sich auf seinem Anorak bequem. Auf einem solchen Lager läßt es sich gut in den Himmel träumen. Man fühlt die weiche Luft und die Grashalme, die einen kitzeln, und beschließt, heute nicht in einem Dorfgasthaus zum Mittagessen einzukehren, sondern einen Meter Weißbrot, Käse, sahnige Milch zu kaufen und ein Picknick im Grünen zu machen.

Wir sind mit einer Gruppe unterwegs, die die siebentägige Reise pauschal in Deutschland gebucht hat, Räder mit Spezialausrüstung, dreifachen Bremsen und Gangschaltung, Regenzeug, Übernachtung, Frühstück, Abendessen und Eintrittsgelder inklusive. Gesund soll das sein, sagen die Ärzte in unserer Gruppe. Sie mögen recht haben, aber Gespräche bringen an den Tag, daß Babycreme und Kamillosan

auf einer solchen Reise eine feine Sache sind . . .

Die Fahrt entlang der Loire ist eine Reise durch die Geschichte. Die Kulisse ist das Mittelalter, vor allem aber die Renaissance, jene Zeit, da das Königshaus der Valois-Orléans-Angoulême eine so große Macht besaß, daß es sich leisten konnte, statt wehrhafter Burgen Lustschlösser zu bauen. Pechnasen und Türme werden kleiner, der Abstand zum Volk wird größer. Die trägen Gewässer von Loire, Indre und Cher spiegeln die scharfen Konturen der Prachtbauten aus hellem Sandstein weich und verwunschen wider.

Amboise: Hier wohnten Katharina von Medici und Franz II. Er war der Mäzen Leonardo da Vincis, der hier nach dreijährigem Aufenthalt 1519 gestorben ist und in der Hubertus-Kapelle begraben liegt. An seinem einstigen Domizil, dem Schlößchen Clos-Lucé, radeln wir auf dem Weg nach Blois vorbei.

Eine Frau hält ihren Hund fest, als sie uns kommen sieht. „Er ist schon alt", ruft sie uns zu, „er könnte überfahren werden." Wir müssen an die Hunde

Hoch auf einem Felsen beherrscht das kastellartige Schloß die Stadt Saumur (links), Hochburg der Hugenotten im 16. Jahrhundert. Von ihrer Vertreibung hat Saumur sich bis heute wirtschaftlich nicht erholt.
In Chinon gab Johanna von Orléans dem Hundertjährigen Krieg die Wende: Hier beschwor sie den unentschlossenen Dauphin, die von den Engländern besetzten Gebiete zurückzuerobern und sich in Reims krönen zu lassen. Die mächtige Schloßanlage (unten) ist heute verfallen

auf Gobelins und Gemälden in den Schlössern denken; die tragen Menschengesichter.

Saumur: bei Pferdegerippen und Steigbügeln. Wir sind eingeschlossen worden, Gefangene des Schlosses von Saumur und Opfer des Radsports. Nur ein paar Minuten wollten wir das strapazierte Hinterteil auf ein Steinbänkchen setzen und einen Blick auf die Loire werfen. Aber nichts da, die kurze Ruhepause hat Folgen. Fremdenführerin und Besucher rennen durch das Museum, als sein Steigbügel

keine interessante Angelegenheit. Wir rufen. Das Fenster mit den Butzenscheiben läßt sich öffnen, aber wenn man Notschreie aus einem Turm schickt, dessen Spitze an den Himmel stößt, ist das wohl zwecklos. Ob Frankreich schon zu Mittag speist? Das täten wir auch gerne.
Aber ein ruhendes Hinterteil ist auch viel wert. Und wer hat schon als einfacher Loire-Tourist und noch dazu als Radfahrer die Gelegenheit, in einer richtigen Ritterburg Siesta zu machen! Man könnte das Gerippe des Pferdes

„Flying Fox", das ungewöhnlich lang ist und seinem Besitzer deshalb Millionen einbrachte, umdrehen und den Brustkorb als Hängematte benutzen... Man könnte auch die Sättel zusammenschieben und sich darauf betten..., man könnte...
Man hat uns entdeckt. Madame Zerberus rasselt mit den Schlüsseln und schnauft verärgert. Recht hat sie, aber sie fährt auch nicht Rad. Jedenfalls bestimmt nicht so viel wie wir. 42 Kilometer haben wir gestern von Angers bis kurz vor Saumur geschafft. Das

Agnes Sorel, die schöne – und kluge
Mätresse Karls VII. liegt in Loches
begraben (links). Die Stadt an der
Indre hat den Weg in unsere
Zeit unversehrt überstanden (unten)

finden wir grandios. 320 Kilometer
liegen noch vor uns, Orléans ist das
Ziel. Aber daran wollen wir jetzt lieber nicht denken.

Chinon: Hier erkannte 1429 Johanna
von Orléans den verkleideten König
Karl VII. unter seinen Höflingen, hier
mußte sie Kreuzverhöre erdulden, bis
man an ihre Sendung glaubte. Am
schönsten ist die Schloßruine vom ge-
genüberliegenden Ufer der Vienne.
Wie ein Schiff trotzt sie auf einem Berg-
rücken den dicken Frühlingswolken.
Honiggelb sind ihre Mauern. Aber
unser Blick ist ein bißchen getrübt:
Nein, heute abend werden wir bestimmt nicht soviel Wein trinken, auch
wenn es der herrlich leichte der Touraine ist und keine Fahrradvorschrift
ihn verbietet.

Die Radtour führt uns über stille und
gottlob flache Straßen und, wie es im
Prospekt so schön heißt, über ver-
schwiegene landwirtschaftliche Wege.
Wir kommen an Wiesen vorbei, sehen
die Auinseln der Loire, entdecken Fa-
sane und fahren durch Dörfer aus
rohbehauenen Steinen. Und überall
blüht Ginster! Er sorgt auch diesmal
wieder für eine unprogrammgemäße
Rast. Gelobt seien seine Dornen, die
die Schläuche schwach machen! Wir

müssen sie nicht selber flicken und
können derweil im weichen Gras neue
Kräfte sammeln.

Loches: In Loches lebte vor 500 Jahren Agnes Sorel, die Geliebte Karls
VII. Sie starb mit 28 Jahren im vierten
Kindbett. Ihr Grabmal im Schloß
gleicht einer Pilgerstätte. Noch nach
ihrem Tode hält der kühle Stein die
Süße ihres Antlitzes fest.

Der Blick von der Schloßterrasse zeigt
eine mittelalterliche Stadt, die ein bißchen verschlafen unter den Schiefer-
dächern an den Ufern der Indre liegt.
Dort unten sind wir heute nachmittag
unter den verwunderten Blicken des
Küchenpersonals ins Hotel gezogen.
Wir scheinen einen etwas verwegenen
Eindruck zu machen. In unseren Zimmern, wahren Gewächshäusern, in
denen die Blumen von der Tapete bis
zum Bett und auf den Lampen wachsen, haben wir uns vom Vagabunden-
Look gehäutet und sind unter die Eta-
gendusche gegangen, die uns unerwar-
tete Wasserspiele bescherte. Es ist das
erste Mal, daß wir kein eigenes Bad
haben. Wir wohnen während der ganzen Reise in ausgezeichneten Hotels,
die aber weder modern noch genormt
sind: Gerade das gefällt uns.

Chambord: Am Ende der schnurgeraden Allee ist der Haupttrakt des größten aller Loire-Schlösser (siehe Seite 24/25) zu erkennen. Der leichte Wind, der vom weit entfernten Atlantik weht, schiebt uns sanft auf das „Versailles der Renaissance" zu. Im Augenblick, da wir den Wald verlassen, wachsen die Dimensionen ins Gigantische. Was für ein riesiges Steingebirge ist dieses Schloß! Im Irrgarten seiner Dachlandschaft lustwandeln wir – mit Anorak und lehmigen Schuhen. Franz I. plünderte Kirchenschätze, um es zu erbauen. Doch das Gemäuer, das einst Tausende von Menschen aufnahm, ist verlassen. Verloren wandern einige Touristengruppen durch die Räume. „Möchten Sie das Himmelbett aus den Räumen des Königs von Polen gegen das Moosbett der Sologne tauschen?" fragt die rundliche Sekretärin, als wir uns auf den Weg nach Orléans machen. Nein, wir möchten weder das eine noch das andere. Wir wollen in der Stadt der heiligen Johanna schlafen, in einem ganz normalen Bett.

Auf den trockenen Spuren der Karrenwege läßt es sich auch beim Radeln gut plaudern. Babycreme ist kein Thema mehr, wir reden über die Misteln in den Bäumen, über Rosensorten, über unsere Reise auf dem Fahrradsattel und die unvorhergesehenen Zwischenfälle.

Und siehe da, schon wieder ist einer über einen spitzen Stein gefahren. Aber keiner ist über dieses Malheur verärgert, im Gegenteil. Denn schließlich haben uns gerade die Pannen einige der schönsten Augenblicke beschert. Und das kann man weiß Gott nicht von jeder Reise sagen.   □

Fotos: Werner Neumeister

Gerda Rob # Schattenkabinett

Bald ist es acht Uhr, mon château. Es dunkelt. In Blois und Tours nehmen die Touristen den letzten Schluck Wein. Fahrer bereiten ihre Busse für die Invasion vor. Bald werden sich Cook und JAL Tours, American Express und Dr. Tigges auf den Marsch machen, um die „spectacles de son et lumière en val de loire" für eine Handvoll Francs zu erobern. Noch eine Stunde Galgenfrist. Wie fühlt sich ein Schloß am Abend der Premiere?

Welche Frage. Fragen Sie die Maschinen, Madame, die Licht- und Tonorgeln, sie sind die neue, die teuflische, die aberwitzige Seele von Chambord. Bei der gestrigen Generalprobe ließen sie anläßlich der Erwähnung seiner Majestät Ludwigs XIV. den viertürmigen Donjon in Veilchenblau erstrahlen. Justament veilchenblau.

Fühlen Sie sich durch die „spectacles" verletzt? Würden Sie sich als lustloses Lustschloß bezeichnen?

Es geht mir schlecht, ich fühle mich angegriffen, Scham und Verärgerung machen mich krank, wie immer im Frühling. Ich hasse den Mai, wenn uns Scheinwerferbatterien aus der Düsternis des Schattenreichs ins grelle Rampenlicht treiben. Gewaltsam aufgeweckte Tote sind wir Schlösser. Kulissen, die sich mit Schatten und Schemen bevölkern müssen, um vor raffgierigen Zuschaueraugen und wißbegierigen Ohren tagtäglich die inszenierten, die hausgemachten Tode zu sterben. Man hat uns zu Schaustellern degradieren wollen. Popanze sind wir geworden.

So bitter? Viele Zuschauer sind begeistert von den „spectacles". Die Lichteffekte bescheren ihnen traumähnliche Szenen.

Die Bitternis entspringt aus der Unmöglichkeit, unsere Müdigkeit zu genießen. Franz I. baute mit Euphorie und leeren Staatskassen. Die Beamten des heutigen Denkmalamtes pflegen jeden geborstenen Kamin, jedes beschädigte Lilienblatt, jeden abgestürzten Faun und jede Nymphe. Wir müssen das Geld für unsere Reparaturen einspielen wie eine Mätresse das Brillantkollier. Unter die Krämer sind wir geraten, und die Krämer stellen uns als Possenreißer vor das eigene Portal.

Still! Ich höre die Autos. Kameras klicken. Blitzlicher zucken. Voilà, die Führer servieren den Geführten das

Schloß. Nein, beileibe kein kafkaeskes Schloß, keine mystische Tragikomödie; um weiteste Publikumskreise zu entzücken, braucht man Märchenpaläste mit Flüstergeschichten und die Flüstergeschichten tunlichst in Technicolor. Wo sind die Heere Ihrer Laien-Schauspieler?

Auch Sie gieren nach dem Anblick blumenstreuender Wassernymphen? Nachgeahmte Könige wollen Sie sehen mit goldenem Flitter auf Lumpenbündeln? Ein ausgestopftes Zerrbild des Marschalls von Sachsen und 80 schwarze Reiter auf 80 weißen Pferden? Sollten wir etwa die 280 Einwohner von Chambord in Kostüme aus der Leihanstalt stecken, die alte dicke Thérèse in das Schleiergewand einer griechischen Göttin und den Maurer Bertrand in den Habit eines königlichen Treibers? Oder wünschen Sie, daß wir die Leute von Saint-Dyé, deren Vorfahren uns „eine Masse unnützer Steine" nannten, die uns ausplünderten und abbrechen wollten, nun als höfische Darsteller höflich bitten? Muten Sie uns das wirklich zu?

Es geht nicht um mich. Ich erinnere mich nur: In Saint-Aignan-sur-Cher

*Son et lumière in Chambord: Das große Spektakel mit Lichtorgeln,
Verstärkern und Schemen am Fenster inspirierte unsere Autorin
zu einem fiktiven Zwiegespräch mit dem Star der Show.*

sah ich an die 1000 Kostümierte
agieren, fast ein Drittel der Dorfbewohner verdingte sich als Laien-
höflinge. In Le Lude waren es 320 und
ein paar edle Windhunde dazu. Sie
stellten die lebenden Bilder der toten
Vergangenheit, und die Orgeln orgel-
ten Mozart und Strauß. Am Ende
des zweistündigen Spektakels hätte
man Heinrich IV. die Hand schütteln
können, wäre er nicht in Jeans ver-
kleidet durch die altertümlich engen
Gassen von Le Lude entflohen. Sogar
Präsident Giscard d'Estaing äußerte
sich lobend über diese Aufführung. Sie
gewann den Oscar de Tourisme Français. Kritiker nennt man Blinde oder
Taube, Ignoranten oder Schlimmeres.
Sind Sie vielleicht eifersüchtig?
Eifersüchtig? Worauf? Auf 300 Scheinwerfer, 150 Reflektoren, ein Dutzend
elektronischer Orgeln und drei Dutzend
Tonverstärker? Auf in brüchigen Bro-
kat gehüllte Lehrer, Schuster, Näh-
mamsellen? Dieses Haus hat schon
Angst genug vor dem historischen Ge-
schwätz aus Lautsprechern, die schrill
und verlogen ein Fest vortäuschen, das
Hunderte von Jahren vorüber ist.
*Aber Ludwig XIV. „live"? Man läßt
sich doch sonst im Tal der Loire nichts*

entgehen. Nicht die musikumrahmten
Szenen aus der Chronique scandaleuse
in Chenonceaux, nicht die Geister der
Nacht und der ermordeten Seelen in
Blois. Der große Ludwig würde alle
übertrumpfen.
Sie kränken oder Sie scherzen. Aber
Sie kränken auch, wenn Sie scherzen.
Die Krämer haben den Großteil
unserer Würde zwar bereits in Francs
umgemünzt, aber ein Rest blieb noch.
*Der Sonnenkönig im Sparstrumpf.
Geben Sie auf Ihren Putz acht. Wer
weiß, was sonst geschieht? Sehen Sie
die Augen der Pariser Familie in der
ersten Reihe? Sie leuchten. Wie Kinder
im Kasperltheater freuen sich die
Leute über das Licht aus dem Nichts
und die Stimmen aus der Tiefe. Sänge
der „Spatz von Avignon" nun noch
das Chanson von der Grande Mademoiselle von Chambord, vor Rührung
würden sie weinen.*
Ich will sie nicht sehen. Frankreichs
noble Geschichte klingt aus dem Laut-
sprecher wie das Röhren der Hirsche.
Dazu dieser Albtraum in Veilchenblau.
Und die Scheinwerfer greifen mit
Spinnenfingern nach meinen Loggien
und Pilastern. Kann man mit regen-
bogenfarbenen Spinnenfingern etwa

die Vergangenheit zurückholen?
*Die Vergangenheit nicht. Die Erinne-
rung vielleicht. Wenn unsichtbare
Könige auf Lichtbündeln herabsteigen,
sind sie für viele gegenwärtiger als
Lesebuchkönige. Nehmen Sie's leicht,
Kitsch ist in Mode. Seine weitere Per-
fektion ist kaum aufzuhalten. Gibt es
schon Pläne?*
Wir alle sind schwermütig, beschämt,
müde. Geräumige Särge, leider Särge
mit Schlüsseln. Eines Tages werde ich
den dicksten steinernen Faun aus
meiner Fassade brechen und in das
Getriebe der Maschine werfen. Ich
werde die Verkabelung ertränken, die
Geisterstimmen zum Schweigen bringen. Nichts als Stilleben in Sonne und
Mond will ich sein.
*Die Zuschauer sind fort. Die Show ist
vorbei. Ruhen Sie sich aus. In zehn
Minuten beginnt die nächste Vorstellung. Die Liga für Denkmalpflege
will es so. Es gibt keine Begnadigung,
es gibt wohl kein Entrinnen. Die
„spectacles de son et lumière" wurden
an der Loire aus der Taufe gehoben,
der Täufling gedieh, wurde größer,
üppiger, maßlos, wurde ein Triumph-
bogen für perfekte Stillosigkeit. Wer
wagt es, den Täufling zu morden?* □

Foto: Achim Sperber

Im Schatten der Dragomanen: Reiseleiter

Von Wolfgang Boller

Wo immer Bedeutsames geschah, wo immer die Geschichte ihre Gehäuse hinterließ, haben die ihr Revier, die aus großen Taten ihre kleine Münze schlagen, die es nicht nach Macht gelüstet, sondern nach Trinkgeld: Der Beruf des Fremdenführers ist so alt wie die Neugier der Menschen, und deren Gutgläubigkeit ist sein festes Kapital. So banden schon die Hüter der Pyramiden dem Griechen Herodot einen Bären auf. Waren sie früher dem Reisenden eher lästig, sind sie heute im Zeitalter des Massentourismus unentbehrlich geworden. Unser Report beschreibt den langen Weg vom Dragoman, dem Dolmetscher orientalischer Höfe, zum modernen Reiseleiter: die Geschichte eines Berufes, der so recht noch immer keiner ist.

Schlösser sind Geisterburgen, Asservatenkammern versunkener Zeitalter, verstaubte Kulissen, in denen die berühmten Worte der Geschichte bis in alle Ewigkeit nachhallen: Alles ist verloren, nur die Ehre nicht – oder: Der Staat bin ich. So tönt es fort und fort, und üppiger ranken sich Legenden um Geheimtreppen, Tapetentüren – das Bett der Majestät. Die Marionetten im historischen Schattenspiel kommen nicht zur Ruhe. Die Könige gingen, die Kastellane blieben.

Frankreichs Schloßführer waren, wenn auch nicht ohne Vorbild, in Europa die Avantgarde. In Paris und im Tal der Loire verwaisten die Schlösser am ehesten. Dem Kaiser Napoleon sind zusätzliche Schauplätze, Anekdoten und Kastellane zu danken.

Schloßführer sind in der Regel ungeschickte Sachwalter ruhmreicher Vergangenheit. Freilich ist, namentlich in Frankreich, die Glorie so sakrosankt, daß sie auch im Schnabel eines Papageis nichts von ihrer Erhabenheit verlöre.

Imposante Ahnenreihe

Natürlich sind diese Schloßführer Papageien. Sie plappern eingepaukte Texte her, ohne sie zu begreifen. Sie schmücken sich mit dem Schloß, nicht umgekehrt. Vergangenheit tragen sie wie ein Gewand, in dem sie sich nicht bewegen können. Sie haben etwas von Schalterbeamten und Museumswärtern, von Türschließern und Gefängnisaufsehern. Ihre Unfähigkeit zur Mitteilung wirkt weder komisch noch tragisch, nicht einmal bemitleidenswert. Das Reglement ihrer Führungsanmaßung ist lästig. Sie stören.

Das war, wenn man sie gleichsetzt mit den Ciceroni in Italien und den Dragomanen in Ägypten, nahezu immer so, seit Menschen auf den Gedanken kamen, Reisen mit erklärter Rückkehrabsicht zu unternehmen. Die Wandalen brauchten keine Ciceroni.

Durch die Reiseliteratur geht ein Ächzen über die Aufdringlichkeit und Unwissenheit der Fremdenführer, die, will man dem Urteil reisender Zeitgenossen glauben, beredt und verlogen, faul und tückisch waren wie Diener in den Komödien von Goldoni, eine Horde radebrechender Spitzbuben, die keinen größeren Ehrgeiz besaßen, als Fremde zu täuschen und zu prellen.

Die Ciceroni nannten sich nach dem römischen Staatsmann Marcus Tullius Cicero. Als Kronzeuge für ihre Eloquenz war ihnen der gewaltigste Redner im alten Rom gerade gut genug. Dragomane hießen ursprünglich die Dolmetscher orientalischer Höfe, der Hohen Pforte sowie fremder Gesandtschaften und Konsulate in der Türkei. Dragomane waren vereidigte Beamte. Handel und Geldgeschäfte auf eigene Faust waren ihnen untersagt.

Die Ahnenreihe der Fremdenführer ist indessen weitaus imposanter. Sie beginnt möglicherweise mit Handlangern in Delphi und Platzanweisern in Olympia. Andere Vorformen des Gewerbes waren wohl auch Schlepper der Herbergswirte, Pferdeknechte, Müßiggänger in irdischen Götterwohnungen. Vor 2500 Jahren fiel ihnen der griechische Historiker Herodot in die Hände, vor 100 Jahren der amerikanische Journalist Mark Twain. Herodot war Bildungsreisender. Er besuchte Ägypten aus ähnlichem Antrieb wie Kaiser, Philosophen und Gelehrte. Die Pyramiden waren eine Sehenswürdigkeit der Antike, eines der Sieben Weltwunder. Für den Griechen aus Halikarnassos waren die Totenkammern der Pharaonen so weit entfernt wie einem Touristen in der zweiten Hälfte des 20. Jahrhunderts die Akropolis. Hadrian und Septimius Severus kratzten ihre Namen in den Stein der Memnonskolosse wie Byron in den Tempelmarmor von Sunion.

Der Weltreisende Herodot, Vater der Geschichtsschreibung und Großvater der Ägyptologie, schrieb alles auf, was ihm die Priester erzählten. Er beruft sich auf sie in verschiedenen Kapiteln des Zweiten Buchs. Die Priester waren aber wohl tatsächlich Tempeldiener, die dem bildungshungrigen Touristen einen Bären nach dem anderen aufbanden. Sie haben ihn so angelogen, daß er die eigene Glaubwürdigkeit einbüßte. Die famosen Priester erschütterten seinen Glauben an den Wahrheitsgehalt der Epen Homers und tischten ihm das unsterbliche Skandalmärchen von der Tochter des Cheops auf. Die Prinzessin habe sich prostituiert, um fehlendes Geld zur Vollendung der Cheopspyramide anzuschaffen. Damit nicht genug: Sie sei auf ein eigenes Grabmal erpicht gewesen und habe von jedem Freier fürs Schäferstündchen einen Stein als Zusatzhonorar gefordert. Herodot allen Ernstes: „Von diesen Steinen soll, wie man vorgibt, die Pyramide erbaut sein, welche zwischen dreien in der Mitte vor der großen Pyramide steht, wovon eine jede Seite 150 Schuh lang ist." Herodots Kritiklosigkeit ist so bestürzend wie seine Einschätzung der Sitten am Hofe eines Pharaos der 4. Dynastie. Es kam ihm nicht in den Sinn, daß man ihn zum Narren hielt. Er rechnete auch nicht nach. In der fraglichen Nebenpyramide sind schätzungsweise 20 000 Steine verbaut.

Geschäft mit Unwissenheit

Die Euphorie des Reisens vernebelt das Hirn. Fremdenführer aller Länder und Zeiten haben daraus Nutzen gezogen. Hermes, der Gott der Reisenden, übt doppelte Moral. Er ist zugleich auch Gott der Diebe, Betrüger und Kaufleute. Er lenkt die Schritte der Reisenden und die Finger der Taschendiebe. Jene verdummt, diese erleuchtet er – zu beider Lustgewinn. Von seinen Dienern sind ihm jedoch die Ciceroni und Dragomane gewiß die liebsten. In den besten Exemplaren ihrer Gattung lebt Geist von seinem Geist. In ihrer Schwatzhaftigkeit sprühen göttliche Funken. Sie

haben etwas Unwiderstehliches. Warnungen sind in den Wind gesprochen, selbst Erfahrungen nützen nichts.

Nur Berufsreisende sind ihnen bisweilen gewachsen, Kaufleute und Soldaten, die den Verlockungen der Ferne so gelassen gegenüberstehen wie einer Einladung zum Kartoffelschälen. Der alte Baedeker hat sie mit von Konkurrenzeifer geschärften Blicken durchschaut. Sein Urteil zieht sich in gleichem Wortlaut durch die Auflagen seiner einschlägigen Handbücher. Die Zeilen beben noch wie Verwünschungen über den Rand des Grabes hinaus. Baedeker über Fremdenführer: „Die meisten Reisenden werden ihre Dienste entbehrlich finden. Es sind fast ohne Ausnahme Nichtstuer aus den niedersten Volksschichten, die von der Geschichte und Bedeutung der Kunstdenkmäler keine Ahnung haben; ihre ‚Erklärungen‘ sind unverstandene Brocken, welche sie aus Reisehandbüchern oder von Touristen aufgeschnappt haben. Einkäufe mache man nie in ihrer Gegenwart, da sie auch in besseren Geschäften vom Verkäufer eine Provision (mindestens 10 %) fordern, die der Käufer zu entrichten hat.“

Erfahrene Reisende fanden ihre Dienste in der Tat entbehrlich, weil sie das Pensum ohnedies besser kannten oder eigene Recherchen vorzogen, Michel de Montaigne beispielsweise. Der Philosoph unternahm 1580 zur Auskurierung eines ererbten Blasenleidens eine Badereise in die Schweiz und nach Italien. Tagebucheintragung seines Sekretärs: „Diese ganze Zeit über gab er sich nur dem Vergnügen hin, Rom zu studieren. Im Anfang hatte er einen französischen Führer genommen, der aber aus irgendeiner unsinnigen Laune seines Amtes überdrüssig wurde: darauf setzte sich der Herr von Montaigne in den Kopf, durch eigenen Eifer und mit Hilfe von verschiedenen Karten und Büchern, die er sich abends vorlesen ließ, des Stoffes Herr zu werden. Am Tag ging er immer an Ort und Stelle und verwertete das Neugelernte. Nach wenigen Tagen hätte er seinen Führer selbst mit Leichtigkeit führen können.“

Lästiges Geschnatter

Am Fluß Oreto bei Palermo verstimmte ein Fremdenführer mit lästigem Geschnatter den Lieben Gott der deutschen Bildungsreisenden. Goethe, am 4. April 1787, Sizilien: „Die schönste Frühlingswitterung verbreitete das Gefühl eines belebenden Friedens über das ganze Tal, welches mir der ungeschickte Führer durch seine Gelehrsamkeit verkümmerte, umständlich erzählend, wie Hannibal hier vormals eine Schlacht geliefert und was für ungeheure Kriegstaten an dieser Stelle geschehen.“ Die beiden verstanden einander nicht. Der Italiener wollte den blöden Touristen unbedingt belehren. Der Geheime Legationsrat beharrte jedoch darauf, im Flußbett Steinchen einzusammeln.

Mißverständnisse verdüsterten auch die Europareise des Herrn Clemens, genannt Mark Twain. In Paris zahlte er an Monsieur A. Billfinger („Fremdenführer für Paris, Frankreich, Deutschland, Spanien etc. etc.“) das Lehrgeld des Hinterwäldlers. Mark Twain, 1867: „Unter den fadenscheinigsten Vorwänden lockte er uns in Geschäfte für Herrenwäsche, in Schuhgeschäfte, in Schneiderwerkstätten und Handschuhläden – kurz, überallhin unter dem weiten Himmelsbogen, wo auch nur die geringste Aussicht bestand, daß wir etwas einkaufen würden. Jedermann hätte erraten, daß die Geschäftsleute ihm eine Vermittlungsprovision zahlten, nur wir in unserer gesegneten Unschuld merkten es erst, als dieser Zug seines Betragens schließlich unerträglich hervorzustechen begann.“

Wandel im Berufsbild

Der Fremdenführer befreit sich von der Larve des Lakais. Karl Baedeker definiert nachdrücklich die Beziehung zwischen Reisenden und Dragomanen – bestenfalls ein notwendiges Übel: „Man behandle sie aber von vornherein als Diener und lehne alle Vertraulichkeiten ab.“

Alexandre Dumas dagegen über die guten Dienste des Führers Dandré auf seiner Reise durch Rußland, 1858: „Er führte die Kasse, machte die Wechsel zu Geld, regelte die Bezahlung der Rechnungen, war Postmeister, bestellte die Wagen, reservierte die Plätze in der Eisenbahn, wenn man sie benutzte, sowie Hotelzimmer oder Kabinen bei Schiffsreisen, kurz, war der Mann für alles. Wo immer man ankam, stets war ein reichliches Essen mit guten Weinen bereit. Wenn die Unterkunft schlecht war, zauberte er in kurzer Zeit Kissen und weitere Decken herbei.“ Das Berufsbild wandelte und spaltete sich zugleich: Vom Lohnkutscher zum Reisemarschall, vom ignoranten Schwätzer zum gebildeten Interpreten, vom Wegelagerer zum Reiseleiter.

Mark Twain witterte den neuen Stil in der Erscheinung und den Manieren des Fremdenführers: „Er war einfach gekleidet, strahlte aber merklich Gediegenheit aus. Er trug einen seidenen Zylinder, der etwas alt, aber sorgfältig gebürstet war. Er hatte gebrauchte, aber guterhaltene Glacéhandschuhe an und trug einen kleinen Rohrstock mit gebogenem Griff – ein elfenbeinernes Damenbein. Er schritt so elegant und sanft dahin wie eine Katze, die eine schmutzige Straße überquert, und oh, er war ganz Höflichkeit, er war die ruhige, unaufdringliche Selbstbeherrschung in Person, er war die Ehrerbietung selbst.“ Der Europareisende aus Amerika begriff schnell, daß der Habitus Bestandteil eines Täuschungsmanövers war mit dem Ziel, ihn nur um so schamloser zu übervorteilen und auszuplündern.

Nun, Dandré und dieser Billfinger, beide auf der Höhe ihrer Zeit, stehen an der Schwelle einer Epoche,

Manchmal sind es Kleinigkeiten, die eine Fluggesellschaft groß machen.

Lufthansa

HO&M LH 9/79

die man auch nach Thomas Cook benennen könnte: das Zeitalter der großen Unrast. Wenn sich den Beschwerlichkeiten des Ortswechsels bislang nur wohlhabende Geldverschwender unterzogen hatten, die etwa ihrer Gesundheit oder Allgemeinbildung aufhelfen wollten, fühlten sich neuerdings ganze Gesellschaften in den zufälligsten und absurdesten Zusammensetzungen sinnlos fortgerissen, namentlich die Masse britischer Individualisten, die offenbar nichts anderes zu tun hatten, als sich in nationalen Besitzungen rund um den Globus mit ihresgleichen in ihrer Sprache zu unterhalten und heimische Teerituale zu zelebrieren. Der technische Fortschritt war über die Welt gekommen, die eigenen Triumphe unablässig an Schienenstrecken und Spurweiten ausmessend: 1825 von Stockton on Tess nach Darlington, 1830 von Liverpool nach Manchester (Ouvertüre der Eisenbahnoper), 1837 von Leipzig nach Dresden.

Reise inklusive -leiter

Im Jahre 1841 erfand der englische Schreiner und Wanderprediger Thomas Cook die Gesellschaftsreise. Er bewog 570 Menschen zur Teilnahme an einer Veranstaltung gegen den Mißbrauch von Alkohol und beförderte sie im Sonderzug von Leicester nach Loughborough. Cook war der erste Reiseveranstalter und Reiseleiter. Die anhebende Völkerwanderung, genannt Tourismus, degradiert den Bewegungsdrang der Ostgoten zu Sonntagnachmittagsspaziergängen. Triebkraft des Massenphänomens, das mißgelaunte Kulturkritiker mit Heuschreckenschwärmen und den Zügen der Lemminge zu vergleichen lieben, war die Gesellschaftsreise. Sie vollzog sich von der ersten Stunde an in geordneten Gruppen mit Hotelreservierung, Rückfahrkarte und Reiseleiter. National unterschiedliche Reisemotive erspähte die hellsichtige Gräfin Roudeira: „Der Engländer folgt seinem Geschmack, der Deutsche seinem Führer, der Franzose seiner Frau."
Die Explosion der Reisesehnsucht entzog indessen auch geistvollsten Analysen die Grundlage. In den immer mächtiger anbrandenden Sturmfluten des Tourismus behaupteten sich nur noch Schlagworte und Statistiken. Man muß freilich unterscheiden: In den Motivationen dominierten zum Behagen der expandierenden Touristikindustrie die berechenbaren Reizfaktoren Sonne, Sand und Sex. Im verschwindend kleinen Anteil der Studienreisen (allenfalls zwei Prozent) ist der Reiseleiter die Schlüsselfigur. Studienreisegruppen aller Nationen folgen dem Führer.
Da war nun aus Fernweh und provinzieller Enge, aus kollektiven Ängsten und sicher auch treuherziger Bildungsbeflissenheit ein Beruf entstanden, der so recht keiner ist. Selbstverständlich sollte der Reiseleiter Kastellane, Ciceroni und Dragomane an Wissen, Landeskenntnissen und Sprachgewandtheit übertreffen. Die reisenden Eliten verlangten mehr. Er sollte dozieren können wie ein Hochschullehrer, begeistern wie ein Heldentenor, organisieren wie ein Kantinenbulle und Koffer tragen wie Hans Moser, vor allem jedoch zaubern, mit lauter listigen Taschenspielertricks der Reise die Borsten und Widerhaken wegeskamotieren. Die Reisenden wähnten den Erfolg der Reise im Pauschalpreis eingeschlossen. Wohl und Wehe lag in der Hand des Reiseleiters. Und da er grundsätzlich jede Initiative für seine Gruppe übernahm, fühlten sich die Teilnehmer auch frei von der Verantwortung für die eigene Zufriedenheit.
Den Bildungsreisenden des 18. und 19. Jahrhunderts, Goethe etwa, wäre es kaum eingefallen, das Glück ihrer Reise, die persönliche Bereicherung, gar deren tieferen oder höheren Sinn von der Tüchtigkeit eines Cicerone abhängig zu machen. Für die studierenden Pauschalreisenden des 20. Jahrhunderts war und ist das die nicht diskutierbare Voraussetzung.
Der Reiseleiter mauserte sich zum Erfüllungsgehilfen touristischer Konsum-Mentalität. Er sorgte (Gerichtsstand: Wuppertal, Frankfurt, München; Erfüllungsort: Assuan/Agrigent, Paestum/Pompeji) für pünktliche Lieferung des bezahlten Warenpakets: die verheißenen Wonnen des Bildungsguts, Land und Leute in gefilterter Version, Speisen und Getränke in erträglicher Abweichung vom Gewohnten. Die Reisen entarteten dabei zum dreidimensionalen Kulturfilm mit Namen zum Abhaken und Antike zum Anfassen. Die Rundreisen wurden Karussellfahrten durch Kinderwelten in den Träumen Erwachsener zusehends ähnlicher. Lieferung des Produkts mit Kundendienstgarantie, zum Ausverkaufspreis, hygienisch abgepackt, frei Haus. Das Karussell rotierte schneller und schneller.

Mehr als ein Alleinunterhalter

Der britische Historiker Edward Gibbon konstatierte verblüfft, daß seine Landsleute in unvorstellbaren Massen den Kontinent bereisten, nämlich 40 000. Das war 1785. Knapp 200 Jahre später wurden in einem Jahr allein an der französischen Grenze annähernd 800 000 Engländer gezählt (an vierter Stelle der einreisenden Nationen, nächst Belgiern, Deutschen und Amerikanern). Der britischen Reisefreudigkeit des 19. Jahrhunderts haben nach dem Zweiten Weltkrieg westdeutsche Touristen den Rang abgelaufen. Derzeit tragen rund 13 Millionen Deutsche jährlich 25 Milliarden Mark über die Grenze (etwa das westdeutsche Gewerbesteueraufkommen oder 14 Prozent des Bundeshaushalts von 1978).
Auch das Erscheinungsbild des Reiseleiters, das mehr ist als die Summe von Fähnleinführer, Eintänzer, Heimatforscher und Bademeister, gewann erst nach dem Zweiten Weltkrieg Kontur. Ein professioneller Reiseleiter hat vom Dragoman so viel wie ein Grup-

pentourist vom klassischen Bildungsreisenden (Goethe: „. . . ein bloß neugieriger Reisender ist wahren Kennern und Liebhabern verhaßt"). Das Blatt hat sich gewendet, so und so. Die Rollen sind vertauscht. Obgleich keine Übereinstimmung herrscht, ob die Dressur und Unterweisung zum Vergnügen und vielfach ohne Sinn und Verstand durch die Landschaft fahrender Gruppen ein Beruf oder doch mehr eine Gelegenheitsbeschäftigung für vazierende Studenten ist, hat sich von dem, was ein Reiseleiter ist oder sein sollte, doch eine Vorstellung herausgebildet, die ausschließlich pragmatische Kriterien gelten läßt. In der Praxis können Universitätsprofessoren dort scheitern, wo sich verkrachte Studenten bewähren.

Es gibt Begabungen, in geringem Umfang auch Vorbereitung und Schulung, aber kein Studienfach und keine Lehre, weder Examen noch Prüfung. „Studiosus Reisen", Deutschlands größtes unabhängiges Studienreiseunternehmen mit annähernd 200 Reiseleitern, setzt bei Bewerbern ohne Abitur Allgemeinbildung auf vergleichbarem, Landeskunde und Sprachenkenntnisse auf höherem Niveau voraus.

Die Autorität des Reiseleiters stützt sich darauf, daß er sich in der Fremde so sicher wie zu Hause bewegt, Menschenkenntnis ist der Leitfaden seiner Tätigkeit. Ein Berufsbild läßt sich damit nicht umreißen. Eine Definition versucht das Handbuch für Reiseleiter, herausgegeben vom unentbehrlichen Studienkreis für Tou-

Warten auf die nächste Führung

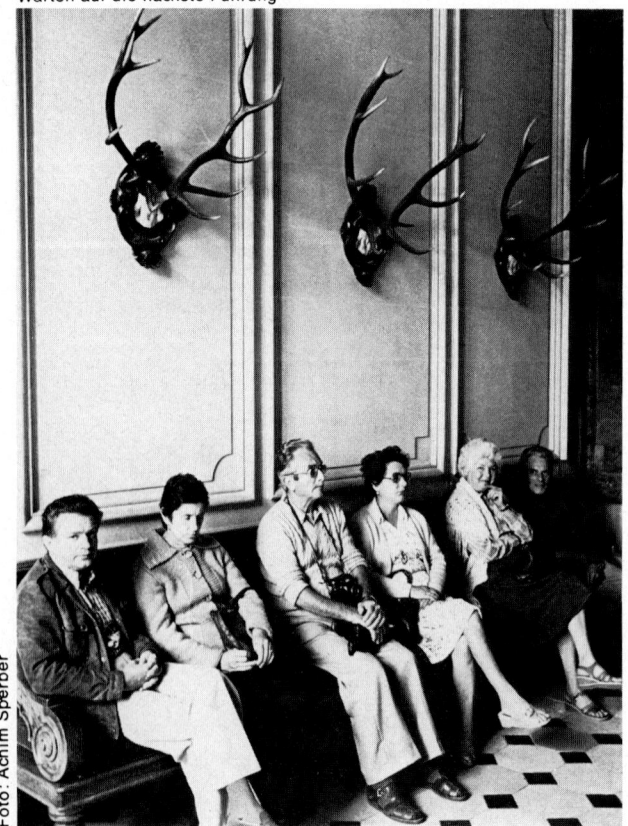

Foto: Achim Sperber

rismus: „Der Reiseleiter ist eben mehr als ein Alleinunterhalter und technischer Handlanger, er ist ein Reisehelfer und ein praktischer Andragoge, ein Erwachsenenbildner."

Solches hätte wörtlich der Reisepionier Hubert Tigges sagen können, Gründer der Dr. Tigges-Fahrten, die im Mammutkonzern der Touristik Union International (TUI) ihre Identität einbüßte. Tigges hatte als erster seit 1950 im Frühjahr und Herbst Reiseleiter in einwöchigen Kursen geschult. Reiseleiter, so lehrte er, müssen wertvolle Menschen sein.

Immer unentbehrlicher

Die heterogene Zunft hat sich emanzipiert wie Schauspieler und fahrendes Volk. So wie sich der Hanswurst zum Filmidol aufschwang, der Gaukler zum Star der Manege, so trat aus dem Schatten der Dragomanen der Reiseleiter hervor. Er wird in allen seinen Erscheinungsformen mit zunehmender Unrast immer unentbehrlicher – als Urlaubsberater, Märchenerzähler, Erwachsenenbildner, Volkshochschulmeister, Animateur, Komplize nach allen Seiten. Reiseleiter sehen die Kulissen des käuflich erworbenen Ferienglücks wie Negative der bunten Bilder in den Reisekatalogen. Das Besondere ist für sie das Selbstverständliche, anderer Leute Urlaub ist ihre Maloche, fremder Leichtsinn ihr Profit. Einkaufslenkung und Umsatzbeteiligung im Basar halten sie für vereinbar mit Dienstbereitschaft, Verachtung mit Respekt, Subordination mit Hohn.

Das Blatt hat sich gewendet und ist doch dasselbe geblieben. Der Reiseleiter ist der Herr, auch wenn er Prozente kassiert und Trinkgelder einsteckt. Und der zahlende Reisegast ist der Narr, der unwissende, leichtgläubige Barbar im Lande unbegriffener Kultur, wie weiland selbst Herodot bei den Pyramiden. Und genauso, wie gebildete Reisende sich über Dragomane und Ciceroni amüsierten, spotten versierte Reiseleiter über tapsige Pauschaltouristen. In ihren Augen gibt es nichts Dümmeres, nichts, was durch stereotype Verhaltensweisen ihre Verachtung mehr herausfordert.

Nur ein Beispiel aus den Aufzeichnungen des Schriftstellers und Reiseleiters Albert Vigoleis Thelen: „Wenn ein Deutscher sich an einer historischen Stätte niederläßt, schöpft er tief Atem, krempelt die Hemdsärmel hoch, falls er nicht schon hemdsärmelig die Stätte betreten hat, zückt seine Bleifeder und schreibt eine Ansichtskarte. Das ist schon so, seit es auf der Welt Deutsche und Ansichtskarten gibt, zwei Schöpfungen, die sich ergänzen."

Reisende dieses Jahrhunderts äußerten gelegentlich die Ansicht, daß Italien fürwahr ein schönes Land sei – ohne die Italiener. Reiseleiter meinen manchmal, eigentlich sei jedes Land ein schönes Land – ohne die Touristen. Und manchmal träumen Reiseleiter, daß sie schöne Reisen machen – ganz allein. □

Unsere Männer
fliegen auf jede Tonne Nordsee-Öl.

Das Nordsee-Öl trägt heute schon spürbar zur Versorgung Westeuropas bei. Es hilft, die Lieferbasis insgesamt zu verbreitern und allzu einseitige Abhängigkeit von anderen Förderregionen ein wenig zu verringern. Aber wenn wir mit dem steigenden Energie-Bedarf Schritt halten wollen, der bis weit ins 21.Jahrhundert hinein maßgeblich vom Erdöl gedeckt werden muß, dürfen wir auf den bisher erzielten Erfolgen nicht ausruhen. Sie können nur Ansporn

sein, Suche und Förderung überall in der Welt mit noch größerem Einsatz fortzusetzen.

Hat das Nordsee-Öl alle Beteiligten bisher schon über 50 Milliarden Mark gekostet, so müssen weitere 100 Milliarden investiert werden, wenn wir das Ziel erreichen wollen, Ende der 80er Jahre ein Viertel des westeuropäischen Ölbedarfs aus eigenen Quellen zu decken. Denn mehr als in anderen Zweigen der Wirtschaft bedeutet Zurückhaltung von Investitionen

im Energiebereich Stillstand von morgen.

Sollen die wirtschaftliche Entwicklung der freien Welt und unser aller Lebensstandard nicht unter Energiemangel leiden, müssen wir jede Chance zur Erschließung neuer Ölquellen nutzen. Wie hier in der Nordsee, wo unsere Männer geradezu auf jede Tonne Nordsee-Öl fliegen. Damit Sie auch morgen über ESSO Markenkraftstoffe, Motorenöle und Heizöl verfügen können.

Es gibt viel zu tun. Packen wir's an.

Denken Sie auch beim Braten, Backen und Kochen an Ihren Cholesterinspiegel. becel Diät-Pflanzencreme.

In allen hochindustrialisierten Ländern Europas haben Herz- und Kreislaufkrankheiten ständig zugenommen. Die wichtigsten Risikofaktoren sind starkes Rauchen, hoher Blutdruck, Diabetes, Übergewicht und besonders ein erhöhter Cholesterinspiegel, wie er bereits bei etwa 30% unserer erwachsenen Bevölkerung nachzuweisen ist. Und auch erbliche Faktoren, auf die wir jedoch keinen Einfluß haben.

Wie können wir vernünftiger leben?

Es gibt eine ganze Reihe von Maßnahmen. Wir sollten z. B. weniger rauchen und uns mehr bewegen. Den erhöhten Cholesterinspiegel können wir günstig beeinflussen, indem wir weniger Fett essen und dabei auf ein ausgewogenes Verhältnis von gesättigten und mehrfach ungesättigten Fettsäuren in unserer Nahrung achten. Bei Übergewicht sollten wir außerdem kalorienärmer essen.

Welche Rolle kann die Ernährung spielen?

Unsere Wohlstandsnahrung enthält im allgemeinen zuviel Fett, vor allem zuviel gesättigtes Fett, aber zuwenig Linolsäure. Deshalb trägt un-

sere heutige Ernährungsweise dazu bei, den Cholesterinspiegel hochzutreiben. Und das kann zu arteriosklerotischen Herz- und Kreislaufschäden führen.

Nahrungsfette sollen reich sein an mehrfach ungesättigten Fettsäuren, von denen die Linolsäure die wertvollste ist.

Die drei von becel - ein Beitrag zur Senkung des Cholesterinspiegels.

becel Diät-Nahrungsfette enthalten besonders hohe Anteile der wertvollen Linolsäure. Deshalb tragen sie im Rahmen einer vernünftigen Lebensweise dazu bei, einen erhöhten Cholesterinspiegel zu senken.

Das um so mehr, je konsequenter Sie statt gesättigter Fette becel verwenden: becel Diät-Margarine als wohlschmeckenden Brotaufstrich, der den Geschmack von Brotbelag voll zur Geltung bringt. Das geschmacksneutrale becel Diät-

Zusammensetzung von becel

	Speiseöl	Margarine	Pflanzencreme
Fettgehalt	100%	80%	78%
Fettsäuren-Zusammensetzung: mehrfach ungesättigt (Linolsäure)	mind. 70%	50–55%	55–60%
einfach ungesättigt	15–20%	15–25%	25–30%
gesättigt	10–12%	20–25%	10–15%
Vitamin E	70 mg/ 100 ml	50 mg/ 100 g	45 mg/ 100 ml

100 g becel Diät-Margarine enthalten außerdem:
1500 i.E. Vitamin A, 350 i.E. Provitamin A
100 i.E. Vitamin D

Speiseöl für Salate und Rohkost. Und becel Diät-Pflanzencreme zum gesunden Braten, Backen und Kochen.

Bewußter essen, weil's vernünftig ist: becel gehört dazu.

becel in der Lichtschutzpackung gibt es in Lebensmittelgeschäften.

Würzig, elegant und etwas rauchig

Weine der Loire

*Was du trinkst an gutem Wein,
sparst du bei dem Doktor ein.*

Im Land der Loire beziehen sich die meisten Sprichwörter auf den Wein, und sie haben alle einen bejahenden, ermunternden Sinn, so daß man annehmen könnte, es torkelten hier dauernd Betrunkene herum. Das Gegenteil ist richtig: Es herrscht animierte Nüchternheit, denn guter Wein will mit Verstand genossen werden.

Nach dieser Regel treiben es die Trinker von der Loire; sie treiben es nie zu weit, es sei denn aus Herzeleid. Ihnen ist der Wein kein „Sorgenbrecher", sondern eine sowohl schöne als auch normale Beigabe zum täglichen Brot. Das Tal der Loire hat hier eine große Auslese bereit. Dazu muß betont werden, daß die Sitte aus deutschen Weingegenden, einen guten Tropfen den Gästen „extra" vorzusetzen, hier unbekannt ist.

In den letzten Jahren ist auch in Deutschland der Wein von den Hügeln um Sancerre bekannt geworden. Er ist, wie der aus dem nahen Pouilly, unschwer als französischer Wein herauszuschmecken: elegant, würzig, etwas rauchig, gefällig. Beide Weine kommen aus der *Sauvignon*-Traube, die in verregneten Jahren leicht sauer wirkt. Sancerre und Pouilly standen im Ruf, daß sie sich schlecht transportieren ließen, aber das kann nicht wahr sein: Man findet diese Weine jetzt überall, und zwar in sehr guter Qualität; auch der Rosé aus Sancerre, der jung auf dem Markt ist, hat sich im Gefolge des weißen Sancerre gut eingeführt. Die feinsten Pouilly-Weine werden übrigens als *Fumés* bezeichnet; das schlägt entsprechend zu Buche.

Zwischen Amboise und Tours liegt ein anderes großes Weinbaugebiet: Vouvray und Montlouis. Hier wurden Kalksteinfelsen vor Jahrhunderten in Weinkeller verwandelt. So bewahren die Winzer den Wein dieser Gegend, der Touraine, gern lange auf, einen zuerst etwas herben Tropfen, der – je länger er lagert – desto besser wird: süß, trocken, *pétillant*, perlend. Vouvray hat sogar noch einen besseren Ruf als Montlouis, dessen Erzeugnisse oft zu

Alte Weinpresse in Sancerre
Foto: Achim Sperber

Schaumweinen erster Qualität verarbeitet werden. Nirgendwo an der Loire hört man so oft wie hier die Frage: Wie wird der Wein in diesem Jahr? Das deutet darauf hin, daß es große Unterschiede von Jahrgang zu Jahrgang gibt. Daher kommt es, daß mehr und mehr Weine dieser Gegend „verchampagnerisiert" werden. Vornehmlich die kleinen Weinbauern bleiben aber dabei, ihre besten Kreszenzen selber abzufüllen, aufzuheben und bereitzulegen für die Kenner.

Bourgueil und Chinon sind so echte Rotwein-Dörfer, daß man sich ins Land um Bordeaux versetzt fühlen kann. Fachleute vergleichen die Erzeugnisse dieser Landschaft aber auch mit dem Beaujolais und sagen, zur Milde käme eine besondere Frische und Fruchtigkeit hinzu.

Auch aus dem Anjou, wie aus der Touraine, werden Weißweine gerühmt und mit dem Wink: „Je süßer, desto besser!" gepriesen. Dabei sind die Rot- und Rosé-Weine mindest so bekannt. *Chenin blanc* heißt die weiße Traube, die Orte wie Rochefort, Beaulieu und Rablay berühmt gemacht hat, während die rote *Cabernet*-Traube im nahen Tal der Aubance einen feinen hellen

Rosé, den Cabernet Rosé d'Anjou, aber auch einen *Vin Gris* liefert, der nicht grau ist, wie der Name sagt, sondern ein „Weißwein, der etwas errötete". Die *Grand Crus* aus diesem Gebiet heißen „La Roche aux Moines" und „La Coulée de Serrant".

Je mehr wir uns dem Atlantik nähern, sind wir versucht, vom „Muscadet" zu sprechen, den man zu den Meeresfrüchten der Bretagne trinkt. Es ist die *Melon*-Rebe, und das Eigenartige ist, daß sie erst in den letzten 30 Jahren großen Ruf und gesteigerte Qualität erworben hat. Aus einem Landwein ist ein sehr trockener, jedoch weicher Tropfen geworden.

Mit zunehmendem Ruhm sind die Weine sowohl aus Sancerre als auch aus der Gegend um Chinon im Preis gestiegen, beispielsweise der „Saint-Nicolas de Bourgueil" oder der „Saumur-Champigny". Doch kann man feststellen, daß ein im Tal der Loire gewachsener Wein erster Qualität hier meist noch etwas billiger ist als ein mittlerer Wein aus südlicheren Gefilden. Die Auswahlmöglichkeiten der Loire-Weine, die Unterschiede sind überaus groß. Nahe Chambord wird Wein aus einer Traube gekeltert, die es nur hier gibt: „Romorantin".

Von der Tatsache, daß in Orléans Weine zu Essig verarbeitet werden, sollte sich niemand erschrecken lassen. Sachverständige schwören, daß man in der ganzen Gegend nichts zu fürchten habe. Es gibt überall Wein, der sich trinken läßt und manchem Gast aus der Fremde sogar besser gefällt als renommierte Auslesen, ob es sich um moussierenden Saumur, dunklen, kräftigen „Mont-près-Chambord", süßen „Jasnières" oder kernigen „Reuilly" handelt, der nach sonnenheißen Felsen schmeckt.

Exporteure sagen, daß seit alters die Engländer Anjou-Wein mindestens so schätzen wie den aus Bordeaux. Belgier und Holländer seien durch die Jahrhunderte treue Kunden geblieben. Und gleich den Parisern sind es die Deutschen, die für den Wein aus Pouilly und Sancerre eine Vorliebe entdeckten.
Josef Müller-Marein

Verstärken Sie Ihre Initiative.

BMW – das ist im kleinen Kreis der internationalen Automobil-Elite das Synonym für unübertroffenes Motoren-Know-how. Dieses einzigartige Wissen äußert sich konzentriert im BMW typischen Reihen - 6 - Zylinder - Konzept: einer Triebwerks-Familie mit höchster Leistungsfähigkeit bei über-

gener Laufkultur, geringsten Reibverlusten, günstigen Gewichtsverhältnissen und Verbrauchs-erten.

Der neueste Beweis für die große Einsatz-reite dieses Triebwerkskonzeptes ist das 160 DIN W (218 PS) Triebwerk des BMW 635 CSi, das auf er gleichen Basis entwickelt wurde wie die 204 DIN W (277 PS), 345 DIN kW (470 PS) und über 588 DIN W (über 800 PS) starken Motorversionen des MW Sportwagens M 1.

Wer das BMW Coupé zur Probe fährt, wird auf indrucksvolle Weise bestätigt finden, daß über ie Leistungsfähigkeit eines Automobils nicht nur ie Anzahl der Zylinder entscheidet. Sondern ielmehr das, was man daraus zu machen in der age ist.

Wenn dazu in einem Vergleichstest* der esten deutschen Sport-Coupés festgestellt wur-e, daß der BMW 635 CSi seinen Konkurrenten eigt, wo es langgeht, dann ist das zugleich auch

ein Hinweis darauf, für wen dieses Automobil bestimmt ist.

*Zitat aus dem Testbericht »Auto-Zeitung« zu einem Vergleich, in dem der BMW 635 CSi mit der ganzen Effektivität und Wirtschaftlichkeit seines 3,5 l Reihen-6-Zylinders gegen zwei 4,5 bzw. 5 l 8-Zylinder in V-Anordnung antrat und trotzdem von Leistung und Triebwerkskultur her Ebenbürtiges, wenn nicht sogar leicht Besseres bot: »Der leistungsstarke Bayer weist in der Summe seiner Eigenschaften die Konkurrenten in die Schranken. Er ist agil, trotzdem kultiviert. Er ist straff, aber nicht unkomfortabel. Im direkten Vergleich überzeugt er durch geringen Verbrauch, müheloses Handling und praxisgerechte, überaus leichte Bedienung.«

BMW 630 CS, 633 CSi, 635 CSi
Kauf oder Leasing – für beides ist Ihr
BMW Händler der richtige Partner.

BMW – Freude am Fahren

Teures Erbe für den Staat: Schlösser

Wettlauf mit dem Verfall

Es gibt in Frankreich kaum ein Dorf, geschweige denn eine Kleinstadt, keinen Flußlauf und keinen Höhenzug, der nicht seine *gentilhommière* besitzt oder mit Schlössern, Burgen, Kirchen und Klöstern geradezu gepflastert ist. Welche Fülle allein im Tal der Loire! Aber die Verwaltung dieses Erbes kommt die Nation teuer zu stehen, und der Glanz der Fassade ist oft hohl. Vieles verfällt, nur wenig kann gerettet werden, das Geld reicht nicht vorn und nicht hinten. Das Heil erwartet man sich schon längst nicht mehr vom Staatssäckel. Es muß von außen kommen, von den Strömen der Touristen, die das Land durchziehen. Aber reichen auch sie?

Die Zahlen sind eindrucksvoll. Nach Angaben von Roger Dussaule, einem engen Mitarbeiter des Kulturministers Lecat, waren Ende 1978 in Frankreich 31 000 Kunstdenkmäler „klassiert", das heißt unter staatlichen Denkmalschutz gestellt. Aber dies ist nur ein Teil dessen, was unter die Fittiche der Nation genommen werden müßte. Monsieur Dussaule schätzt die Zahl der Objekte, die des staatlichen Schutzes wert wären, auf 150 000. Jedes Jahr will er etwa 500 neue Objekte klassieren, wobei er sich darüber im klaren ist, damit häufig Eingriffe in die Intimsphäre dieses oder jenes Schloßbesitzers tun zu müssen. Denn der Staat unterstützt auch private Besitzer mit direkten oder indirekten, beispielsweise fiskalischen, Mitteln. Sie können bis zu 50 Prozent der Ausgaben gehen, die einem Eigentümer durch konservatorische Aufwendungen entstehen. So gibt es 1800 private Schlösser, die klassiert sind. Nicht alle haben um Hilfe gebeten, da sie die splendide Armut, aber Intimität dem fragwürdigen Ruhm eines öffentlichen Denkmals vorziehen.

Der Staat hat Mittel, seine Hilfe diskret anzubringen. Das Gesetz vom 31. Dezember 1973, das die „Universalität der Hilfe" festlegt, gliedert seine Aktion in zwei Kategorien: die „klassierten" und die „eingeschriebenen" Denkmäler. Letztere sind sozusagen von Vater Staat in petto als bewahrenswert vorgemerkt, nicht notwendigerweise immer auch klassiert. Aber man kann dem Besitzer einen Wink geben, ihn zu einer touristischen

Initiative ermutigen, das „Hilf dir selbst, dann hilft dir der Staat" Wunder wirken lassen. So haben sich 1978 etwa 350 Besitzer aufgerafft, etwas zu unternehmen, um dem Verfall ihres Patrimoniums Einhalt zu gebieten. 1300 der 1800 bereits klassierten Schlösser empfingen 1978 Besucher, ihre Zahl erreichte die Drei-Millionen-Grenze. Und die meisten dieser plötzlich so begehrten Objekte liegen im Tal der Loire.

Hier hat nun der Staat ganz besondere Anstrengungen unternommen. Es ist der Garten Eden der französischen künstlerischen Selbstdarstellung. Dennoch befinden sich von den vielen Baudenkmälern der Renaissance nur vier im alleinigen Besitz des Staates: Chambord, Azay-le-Rideau, Chaumont und Talcy. Andere, wie Blois, Amboise, Chenonceaux, Clos-Lucé, Cheverny oder Villandry, sind im Privatbesitz oder werden von den jeweiligen Départements und Gemeinden unterhalten. Sie alle erhalten Teilzuweisungen aus dem Budget des Kulturministeriums (Voranschlag 1979: rund 150 Millionen Mark), müssen sich aber zum weit größeren Teil selber helfen und sind daher auf Einnahmen aus dem Fremdenverkehr angewiesen. Einige von ihnen, Chenonceaux oder Cheverny zum Beispiel, schnitten dabei nicht schlecht ab. Chenonceaux hatte 1978 mit 673 000 Besuchern fast um ein Drittel mehr als das „Staats-Schloß" Chambord und stand hinter Versailles (1,6 Millionen) an zweiter Stelle auf der Liste der „Bestseller".

Über die Hälfte seines Budgets aber wendet der Kulturminister für den Unterhalt der ihm direkt anvertrauten Schlösser, Kirchen und Klöster auf. Das waren im Vorjahr 50 Millionen Mark. Wie sich das Manna im einzelnen verteilt, wird eifersüchtig geheimgehalten. Nur die eigens für die Verwaltung der touristischen Einnahmen geschaffene „National-Kasse für die historischen Baudenkmäler" im Pariser Hotel Sully gibt an, was sie aus Eintrittsgeldern, Postkarten- und Broschürenverkauf einnahm. So „verdienten" Chambord mit 443 000 Besuchern im Jahre 1977 700 000 Mark (davon etwa 260 000 Mark aus dem Verkauf von Postkarten), Chaumont mit 121 000 Eintritten 200 000 Mark, Azay-le-Rideau mit 313 000 fast eine halbe Million Mark, während Talcy sich mit knapp 20 000 Besuchern und nur 22 000 Mark Einnahmen zufriedengeben mußte.

„Wenn ich im Jahr 250 000 Besucher habe, komme ich annähernd auf meine Kosten", erklärte uns Monsieur Feray, einer der acht nationalen „Inspektoren" des Ministers, in Chambord, das heute, wie zu Zeiten Franz' I., das Jagdschloß des Ersten Mannes im Staate ist. Präsident Giscard empfing hier Juan Carlos von Spanien und den Herzog von Edinburgh. 1932 kaufte die Regierung das Schloß dem letzten privaten Besitzer, dem Grafen von Chambord, für eine Million Goldfranken ab. Chambord hatte sich am Unterhalt ruiniert. Aber erst 1960 begann der Staat mit schüchterner Restaurierung. Heute sind annähernd 60 Räume wieder hergestellt. Die Arbeiten, von Handwerkern aus ganz Frankreich als Ehren-Einsatz betrachtet, gehen auch im Winter ununterbrochen fort.

Die „Armee" des Kulturministers zählt 2300 Mitarbeiter. Sie allein verschlingt Unsummen. 22 „regionale Direktoren", 60 Chef-Architekten, 95 Départements-Architekten, acht Architekten-Inspektoren und ebenso viele Mobiliar-Inspektoren wachen über die Bienen-Arbeit der übrigen; eine 63-köpfige Kommission berät den Minister in seinen Entscheidungen und Selektionen. „Was wir machen, ist ein Wettlauf mit dem Verfall", stöhnt Monsieur Dussaule. „Ich müßte dreimal mehr haben, um ihn zu gewinnen."

August Graf Kageneck

Jeder Film, den Sie nicht machen, könnte Ihr schönster sein.

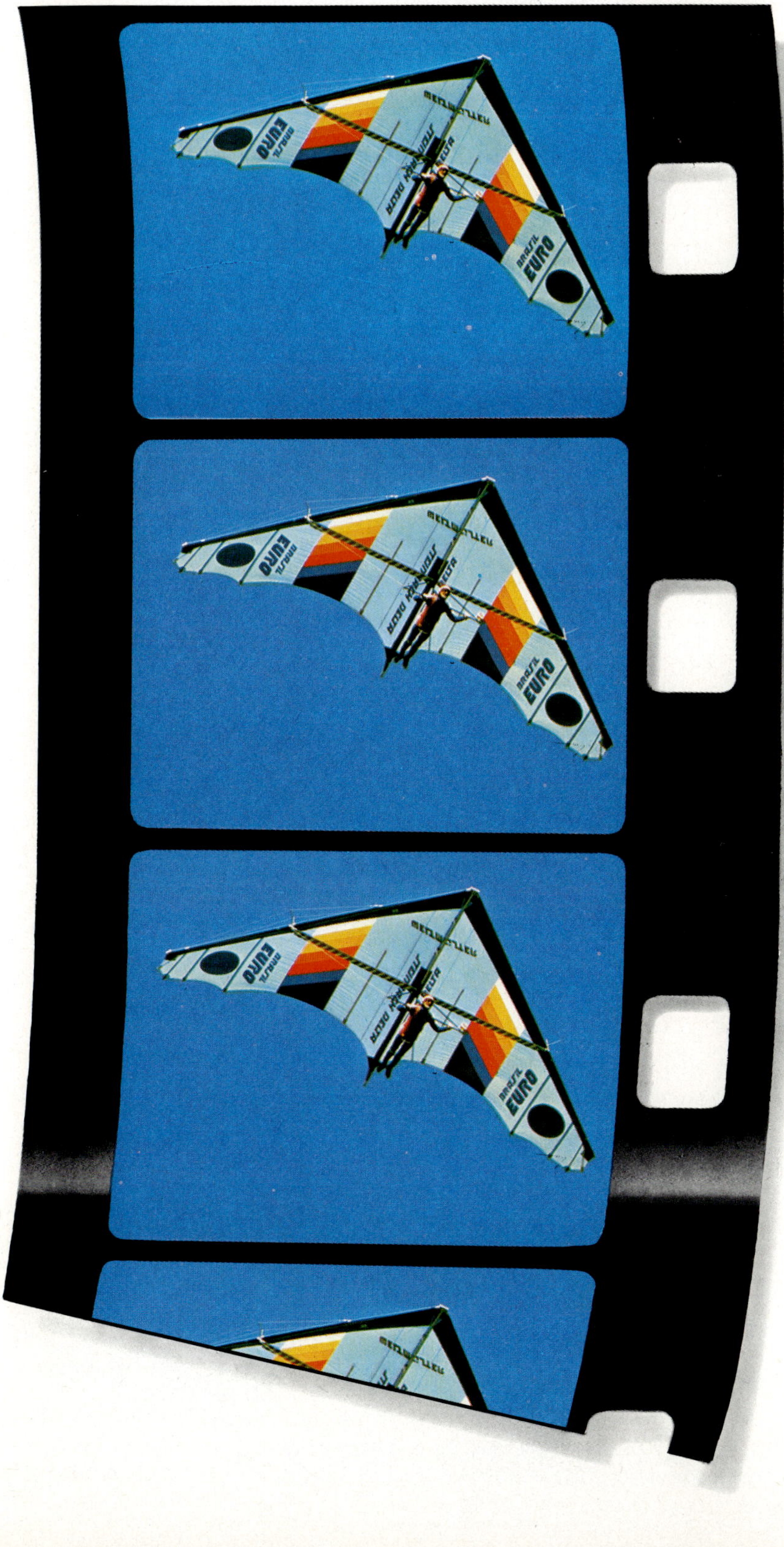

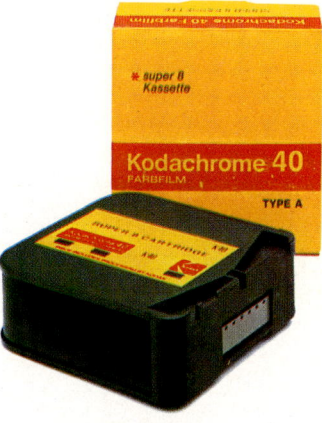

Zum Schmalfilmen gibt es viele Anlässe. Versäumen Sie keinen! So können Sie den Spaß an Ihrem Hobby verdoppeln. Der KODACHROME 40 super 8 Film zeichnet alles auf – in den schönsten Farben und scharf bis ins letzte Detail.

Zum Filmabend laden Sie dann alle ein, und wetten: es wird ein großer Erfolg.

Übrigens: den KODACHROME 40 gibt es auch als Tonfilm.

Kodachrome 40 super 8 Film. Die Farbe stimmt, die Schärfe stimmt.

Neu.
Von heute an begleitet Sie der berühmteste aller Reiseführer auf allen Ihren Reisen durch Griechenland. Baedekers neuer Allianz-Reiseführer. DM 24,80. Mit großer Autokarte.

*Die kleinräumigen mittelalterlichen Wohnburgen waren
denkbar ungeeignet, eine große Gesellschaft zu empfangen,
ein Fest zu geben oder gar die neuen Tänze
in gebotener Pracht auszuüben. Katharina von Medici und
ihr Sohn Heinrich III. pflegten höfische Geselligkeit
in den Loire-Schlössern und ihren Gärten. Ihre Feste – hier
auf einem Gemälde – waren berühmt-berüchtigt.*

Venus in schwarzer Seide

Hermann Schreiber über Feste in Chenonceaux

In den warmen Nächten an der Loire und ihren Nebenflüssen boten sich der Himmel als Ballsaal an und die Parkette der Gärten als Tanzboden. Nur aus ihrer Bestimmung als Plätze für Feste, nur als Szenerie höfischer Geselligkeit erhielten die Miniaturparks von Chenonceaux oder Villandry ihren Sinn, ihre architektonische Rechtfertigung. Denn wer konnte tagsüber in ihnen spazieren, ohne jeglichen Baumschatten? Wer konnte sich in ihnen erholen, da sie doch mehr Kies und Kunst boten als Luft und Grün? Erst abends, wenn die heiße Sonne über dem Tal untergegangen war, wenn sich die allzu übersichtliche Symmetrie der Wege, der Miniaturhecken und Lauben ins weiche Dämmerlicht hüllte, gewannen Schloßkammern und Mauern durch diese Gärten eine Ergänzung und Erweiterung, ein neues Terrain der Freude, das es bis dahin nicht gegeben hatte. Und floß an diesen Gärten gar noch ein so zahmer Fluß entlang wie der langsame Cher, dann bot sich die Gelegenheit, das Fest auf das Wasser auszudehnen.

Vor allem Katharina von Medici und ihr Sohn Heinrich III. waren es, die sich der Loire-Schlösser und ihrer Gärten bedienten, um diesen neuen Stil festlicher Hofhaltung zu begründen, nur daß Mutter und Sohn dabei durchaus unterschiedliche Absichten verfolgten.

Katharina, die Florentinerin aus der herzoglichen Bankiersfamilie der Medici, war mit großen Geistesgaben ausgestattet; ihr Hang zur Astrologie und zu anderen Geheimwissenschaften mag ein Beweis dafür sein. Sie wußte, daß man den Adel beschäftigen und überwachen mußte, und sie tat dies auf höchst weibliche Art durch Festivitäten, bei denen sie die großen Herren mit ihren Damen allesamt vor Augen hatte, und durch hübsche Spioninnen, die sich an solchen Festabenden auf die natürlichste Weise an die interessanten oder gefährlichen Seigneurs, an die potentiellen Verschwörer und die Rivalen der königlichen Macht heranmachen konnten.

Diese Agentinnen der Katharina sind als *escadron volant* in die Geschichte eingegangen, die Muskete ersetzte der Schleier, und wenn sie auch als junge Damen von Adel nicht gerade Nackttänzerinnen waren, wie man es etwa Mata Hari oder der Païva nachsagt, so hatte die Florentinerin sich doch besonders schöne Geschöpfe ausgesucht und einer jeden ihren *nom de guerre* verliehen, einen Decknamen, ganz nach Art der Musketiere. Sie ritt stets mit mindestens 50 jungen Mädchen und Frauen aus, und nicht selten waren es 300, die jüngsten 14 oder 15 Jahre alt.

Der große Augenblick für diese gleichsam in Bereitschaft lebenden Damen war das abendliche Fest, war das kupplerische Dunkel der Gärten, in dem sich dann die Mademoiselle de la Tour tatsächlich in die rätselhafte *Limeuil* verwandelte, die Comtesse Anne de Cabrenne *La Guinonnière* wurde und Louise de la Béraudière *La belle Rouet*. Da der Hof die warme Jahreszeit mit einer gewissen Ungeduld erwartete, waren etwa in den Jahren 1560 oder 1564 schon milde Märznächte für solche Feste gewählt worden, sonst aber geeignete Tage im April oder Mai.

Wir kennen diese Feste aus Briefen, Memoiren und Chroniken, und der berühmteste dieser Chronisten ist schon etwas mehr als ein bloßer Aufzeichner und Bewahrer, fügt die Anekdoten zum Bild und hängt eine Menge ironischer Weltweisheit daran: Pierre de Bourdeille, Seigneur de Brantôme. Seine beste Informantin war Madeleine, seine leichtlebige Schwester, der er so manchen anzüglichen Vers gewidmet hat, denn Madeleine flog inmitten des *escadron volant* durch die Touraine, mit der ganzen lockeren Schar ihrer liebreizenden Gefährtinnen.

Von Brantôme, aber auch aus den sechs dicken Bänden des emsigen Pierre de l'Estoile und anderen Quellen wissen wir, daß die höfischen Feste fast bürgerlich-ehrbar begannen: Im Salon der Königin zündete man die Kerzen an, der Almosenier sprach den Abendsegen, die Schalen mit dem parfümierten Wasser wurden aufgetragen, damit man sich die Finger netzen konnte. Dann hoben die Diener die Deckel von den Schüsseln, und das Mahl begann, beinahe in heutiger Speisenfolge, mit Melonen, danach kamen Süßwasserfische und als Krönung ein ganzer Eber, im festlichen Aufmarsch von sechs Lakaien hereingetragen. Nur die Zutaten waren reichlicher als heute – Hühnchen, Hammel in Knoblauch, Fasan mit gedämpften Mandeln und vor allem die aphrodisischen Trüffel – und die Gewürze meist sehr viel stärker.

Die Damen erhitzten sich in der Mühe, mit Messern und Fingern dem riesigen Fleischberg zu Leibe zu gehen, den Herren stiegen die Würze der Mahlzeit und die Düfte der glühenden Weiblichkeit in die Nase. Der Bruder des Königs, noch im Kindesalter, irrte mit staunenden Blicken durch die trunkene Gesellschaft, die Hunde bissen sich unter den Tischen um die Knochen. Aber die müden Häupter mußten sich noch einmal heben, denn Katharina von Medici hatte für Unterhaltung gesorgt und ein Mythenspiel einstudieren lassen, eine Folge feierlich-lasziver Auftritte, die fast nie eine Handlung hatten: Venus stand stets im Mittelpunkt, meist von sechs Nymphen begleitet, danach kam ein Lautenspieler (weswegen die besten Lautenspieler von allen Höfen heiß umworben wurden) und im dritten Auftritt dann Mars mit Jägerinnen, die Bogen und goldene Pfeile trugen und mit zierlichen Händen Windspiele an seidenen Bändern in den Saal oder auch über die Gartenbühne führten. Pomona und Pan erschienen als letzte mit einer Schar ausgelassener Nymphen, die Früchte trugen, das Dessert des Mahles. Das alles mögen die Herren noch zerstreut genossen haben. Doch

Die Gaillarde: ein Tanz des 16. Jahrhunderts

Pfeifer und Lautenschläger

er aus dem Palast des Papstes stammen sollte; und das gibt uns vielleicht die tiefsten Rätsel auf ..." (Die Romanesque war eine Begleitmelodie der Gaillarde.)

nun erschollen Fanfaren, und Venus begann als erste, ihre Gewänder zu teilen; Katharina sah diese Göttin am liebsten in schwarzer Seide und mit Silberagraffen. Nach Venus enthüllten sich Wasser- und Waldnymphen, Najaden und Dianen, während der Almosenier und die älteren Damen der Tafelrunde sich ohne Aufsehen verabschiedeten.

Wenn die Tafel aufgehoben war, begann das Tanzvergnügen mit zum Teil so feierlichen Tänzen, daß unsere heutige Jugend die Begeisterung der Renaissance-Damen für die Bälle der Zeit gewiß nicht verstehen würde. Besonders gravitätisch ging es zu bei der *Pavane*, die aus Spanien nach Frankreich gekommen war, während die *Gaillarde* den Tänzern alle ersehnten Freiheiten ließ: Man konnte quer durch den Saal oder über die Beete hüpfen oder sich mit seiner Partnerin in dunklen Ecken und Nischen, hinter Bosketten und unter Bäumen verlieren. „Dieser Tanz, von dem man so wenig weiß und der sehr verführerisch gewesen sein muß, hieß auch *La Romanesque*", schreibt Robert Burnand in einem Buch über den Hof der Valois, „und zwar, weil

Im Mittelalter waren Feste dieser Art zumindest in Frankreich sehr selten. Erst Heinrich III., der mit Vorliebe an der Loire residierte, verhalf ihnen zum Durchbruch. Sie befriedigten stärker als alle anderen Veranstaltungen sein Bedürfnis nach zeremoniöser Prachtentfaltung, nach Etikette auch im Vergnügen, nach der festlichen Mischung von Majestätenkult und Ausschweifung.
Seine Mutter freilich liebte diese Feste auch. Da Paris durch die Loire-Schlösser viel von seiner Bedeutung eingebüßt hatte, stellte sie schon ihren Sohn Karl IX. dem Volk auf einer Rundreise vor, die einen Rekord an Festen und kostspieligen Veranstaltungen mit sich brachte: eine wahre Tour de France, auf der ihr nicht selten das Geld ausging. Einmal mußten alle Pagen ihre Mäntel versetzen, um die Rechnung eines Traiteurs zu bezahlen; nicht wenige von ihnen erkrankten deshalb in den kühlen Nächten.
In Chenonceaux dauerte die Präsentation des jungen Königs drei Tage und begann mit dem Einzug durch die lange, von Kanälen begleitete Allee, die zweihundert Jahre später noch Jean-Jacques Rousseau begeisterte. Wasserläufe und Bäume gestatteten Sirenen und Nymphen, die Einziehenden zu begrüßen, und es waren die Schönsten der Schönen, die Katharina dazu aus ihrem *escadron volant* abkommandiert hatte: la belle Rouet, die Guinonnière, Mademoiselle de la Tour-Limeuil und viele andere. Sie waren in rosenrote und blaue Schleier gehüllt, wie der Chronist uns berichtet, und trugen so viel Schmuck, daß noch im Dunkel alles an ihnen glitzerte. Die jungen Ritter, die als Satyrn auftraten, sorgten durch silbrige und hellrote Stoffe dafür, daß sie gesehen wurden: *son et lumière* im 16. Jahrhundert!
Nach dem festlichen Einzug eröffneten der König und seine Schwester mit einem Tanz den Hofball. Nymphen und Sirenen trugen nun bäuerliche Kostüme aus dem nahen Poitou; auch die Musik war ländlich, der Dudelsack ersetzte die Laute. Am zweiten Tag ver-

schaffte man sich Bewegung durch die Jagd: Schloß Chenonceaux war durch die Galerie über den Fluß mit den Wäldern verbunden, in denen so viele Eber herumliefen, daß selbst die Pagen mit dem Abstechen keine Mühe hatten.

Der Abend brachte nach den sinnlichen Genüssen innere Einkehr bei einem Konzert, doch hatten Herren und Damen sich immerhin als Schäfer gekleidet. Daß dies auch der geistvolle Seigneur de Brantôme nicht verschmähte, wird von den Chronisten eigens vermerkt. Der dritte Tag war dann der Treibjagd gewidmet, einem Zeitvertreib, dem sich Karl IX. in seinem kurzen Leben mit verschwenderischer Ausführlichkeit hingab. Nach Einbruch der Dunkelheit aß man im Freien oder auf den Terrassen (die Gärten unmittelbar am Schloß hatten damals noch nicht soviel Grün wie heute). Und da die Mägen so voll waren, daß man sich noch nicht zur Ruhe betten konnte, gab es ein Feuerwerk, das natürlich ein Italiener abbrannte.

Der vierte Tag, gleichsam ein Abgesang, sah Katharina von Medici und ihren Sohn im vertrauten Gespräch in der Volière, nur von engsten Verwandten bedient. Es war der Picardie-Tag, woraus man schließen kann, daß der Hof auf Ausgewogenheit des Programms bedacht war. Und nach dem Abendessen lieferten nicht weniger als 54 blumengeschmückte Barken einander auf dem Cher eine heiter-festliche Seeschlacht.

Man trug Masken nicht nur beim Ball, sondern auch auf der Treibjagd. Man maskierte sich wie die Venezianer, die Heinrich III. so liebte. Er war es auch, der die ausschweifenden Feste schließlich noch mit einer neuen, schon nicht mehr pikanten Note versah, indem er, wie die Chronik berichtet, die anständigsten Frauen zwang, halbnackt an der Tafel zu erscheinen.

Maske, Entblößung und Demütigung machten diese Feste in Schlössern und Gärten zum verschwiegenen Kontrapunkt jener offiziellen Existenz, die König und Hof unter dem strengen Blick der Kirche führten. Die Renaissance, die heidnische Antike, errang durch Nymphen und Nereiden, durch Venus und Pan an der Loire wenigstens nächtliche Triumphe. □

Kein Wasser. Kein Strom. Aber bestens rasiert.

Sie sind irgendwo in der Welt unterwegs: auf einem 14-Tage-Törn über den Atlantik, quer durch die Sahara oder am einsamsten See von ganz Finnland.

Der Braun sprint rasiert Sie überall genauso gründlich, wie Sie es von zu Hause gewöhnt sind. Gleichgültig, ob Sie sich sonst naß oder trocken rasieren.

Denn der Braun sprint hat die fortschrittlichste Scherfolie von Braun: die mit der micron-Geometrie. Und einen präzisen Langhaarschneider.

Ein Satz frischer Alkali-Mangan-Batterien reicht für 3 Wochen oder etwa 20 Rasuren à 4 Minuten. Für unterwegs brauchen Sie für den Braun sprint keine umfangreiche Kassette. Denn er hat ein federleichtes Etui.

Es schützt die Scherfolie und dient gleichzeitig als Spiegel.

Ihr Fachhändler hat den Braun sprint für DM 69,– (unverbindliche Preisempfehlung).

Braun sprint. Für unterwegs.

BRAUN

Tours ist mit 145 000 Einwohnern die größte Stadt im Tal der Loire
und dem Fortschritt nicht verschlossen, und doch hat es etwas
von dem diskreten Charme französischer Provinz. Dazu gehören
auch die Fachwerkhäuser an der Place Plumereau (Foto).

Jacques-Louis Delpal

Stadt des guten Tons

Am Schnittpunkt von Wasserwegen, Straßen und Eisenbahnlinien konnte Tours sich entwickeln und zur Industriestadt werden. Seit Beginn dieses Jahrhunderts hat sich der Ballungsraum von Tours stark ausgebreitet; hier leben heute rund 250 000 Menschen, davon 145 000 in der Stadt selber.

Trotz der regelmäßigen Verkehrsstauungen in der Hauptstraße, der Avenue de Grammont, und trotz der Hochhäuser im südlichen Randgebiet ist Tours nach wie vor eine Stadt, in der es sich angenehm leben läßt. Sie genießt den Ruf, eine der beständigsten Städte Frankreichs zu sein, und ihr Gleichgewicht gilt als beispielhaft. Selbst in Zeiten wirtschaftlicher Krisen hört man die Franzosen immer wieder sagen, in der Touraine könne man das Leben noch genießen, hier verfalle man weder dem Vergangenheitskult noch werde man vom Fortschritt überrannt.

Die Bewohner von Tours sind vielleicht ein klein wenig zu konservativ, rückständige Provinzler aber sind sie nicht. So belächeln sie zum Beispiel den Bürgermeister, einen ehemaligen Minister und Präsidentschaftskandidaten, wegen seiner leicht übertriebenen, puritanischen Haltung gegen-über Pornofilmen. Er brachte Tours den Ruf ein, die prüdeste Stadt Frankreichs zu sein, zum Ärgernis der Bewohner. Denn schließlich will man hier lediglich den guten Ton wahren.

Fremde besuchen Tours gern. Da gibt es einerseits die Denkmäler, Museen und alten Häuser, aber auch die Straßencafés, die zum Teil sehr exklusiven Geschäfte und unzählige Restaurants. Trotz des ruhigen Nachtlebens (die *Tourangeaux* toben sich lieber in Paris aus) ist Tours auch nach Sonnenuntergang keineswegs eine tote Stadt. Im Zentrum herrscht ungezwungenes Straßenleben, Studenten mischen sich unter die Menge, denn sie sind nicht in einem abseits gelegenen Universitätsgelände isoliert. Aber es ist nicht einfach, sich bei einem längeren Aufenthalt wirklich zu integrieren: Das Gesellschaftsleben spielt sich nach sozialen Schichten getrennt und in privater Sphäre ab.

Das Ereignis, das in Tours in den letzten Jahren das meiste Aufsehen erregt hat, war der Einsturz der alten Steinbrücke – amtlich Wilsonbrücke genannt –, deren schöne Rundbögen seit dem 18. Jahrhundert der Unberechenbarkeit der Loire getrotzt hatten. Es entstanden schier unlösbare Ver-

Wir möchten, daß Sie uns besser kennenlernen.
Hier sagen wir Ihnen, warum wir gegen Energieverschwendung sind.

Wer hat etwas gegen Ihren Bleifuß!

Wir. Auch wenn es ungewöhnlich ist, daß ein Anbieter für sparsamen Verbrauch seiner eigenen Produkte eintritt. Denn unsere Verantwortung für die Energieversorgung von morgen nehmen wir ernst.

Die Gefahr der Verschwendung ist in einer Zeit ausreichend verfügbarer Energie besonders groß. Der wahre Wert von Öl und Gas wird daran klar, daß Jahrmillionen zu ihrer Entstehung notwendig waren. Ein nicht wiederholbarer Vorgang.

Diese unersetzlichen Stoffe müssen also – solange sie noch verfügbar sind – sinnvoll und wirksam genutzt werden. Uns geht es nicht um weniger Komfort, sondern darum, daß Energie nicht nutzlos verpufft. Zwei Beispiele von vielen: Wir haben etwas dagegen, daß Wohnungstemperaturen durch Öffnen der Fenster reguliert werden. Und Bleifuß-Fahrer möchten wir daran erinnern, daß man mit vernünftiger Fahrweise weiter kommt.

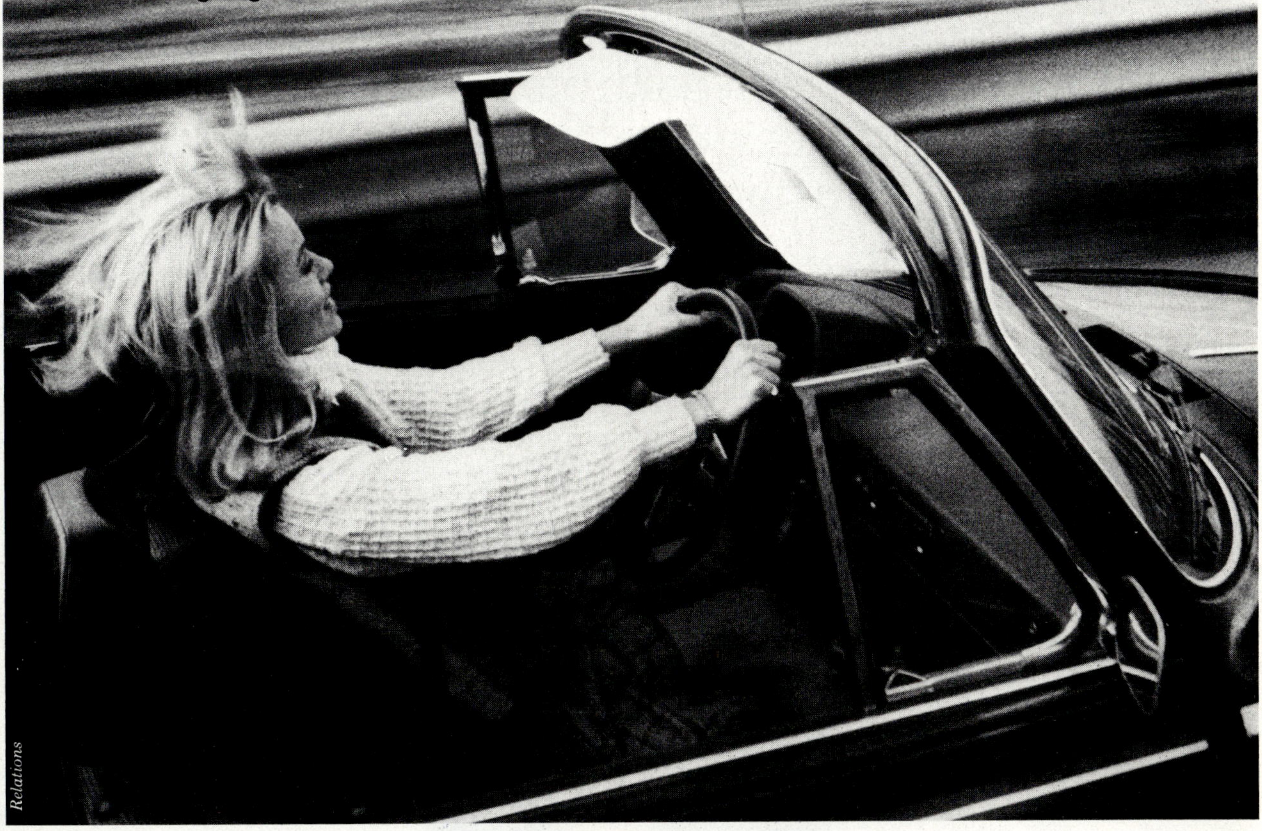

Relations

Mobil
mit dem roten „o"

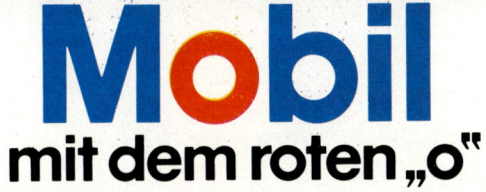

Voigtländer 1979

Ein traditionsreiches Unternehmen ist jung, lebendig und einfallsreich geblieben.

Seit 200 Jahren wird bei Voigtländer der technische Fortschritt mit Talent, Augenmaß und Sorgfalt vorangetrieben.

Voigtländer entwickelte vor sage und schreibe 130 Jahren die erste Ganzmetallkamera der Welt.

Seit dieser Zeit wird mit Voigtländer fotografiert.

Das verpflichtet.

Das neueste Ergebnis solcher Ingenieurtugenden ist die VSL 3-E, eine Vollelektronik-Kamera.

Sehr zu empfehlen demjenigen, der in puncto Spiegelreflex-Ausrüstung eine sichere Kombination sucht: Modernste Technik und die Zuverlässigkeit, die aus der Erfahrung kommt – und aus dem Sorgfaltsprinzip, das bei Voigtländer über 200 Jahre alt ist.

Nicht zu vergessen die präzisen Kleinen:
1. VF135, die schicke Handvoll moderner Fotografie-Zuverlässigkeit (mit dem Miniatur-Computerblitz V-200 BC).
2. Die beiden sehr tüchtigen Pockets V 110 und V 110 EL (mit dem schnellen Lichtzwerg V-200-Blitz).

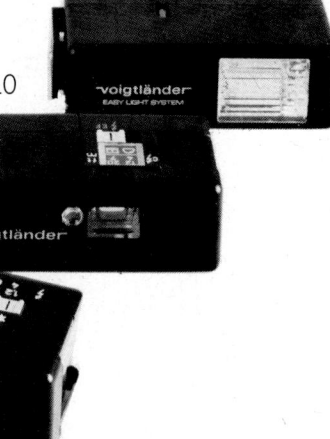

Und ein Voigtländer-Thema für sich sind die neuen Dia-Projektoren. 2 Beispiele: VP 200 A u. AF (solide, schön, vernünftig), VP 300 A u. AF (einzigartiger Projektoren-Komfort).

Weil das Haus Voigtländer sich immer selbst treu geblieben ist, um seit den Anfängen vor 130 Jahren jeder Zeitepoche die modernste Foto-Technologie zu liefern, kauft man heute, 1979, mit jedem Voigtländer-Gerät ein gewichtiges Zuverlässigkeits- und Fortschrittsversprechen automatisch mit.

Und zwar hier – wo dieses Schild ist: Voigtländer Exclusiv-Depot.

Fordern Sie die Adressenliste dieser Fachhändler an bei Voigtländer, 3300 Braunschweig, Postfach 5306.

kehrsprobleme, und es mußte umgehend ein Plan für ihren Wiederaufbau vorgelegt werden. Sollte man die Brücke nach den alten Plänen wiederaufbauen oder sich zu einer modernen Konstruktion entschließen? In einer Abstimmung wurden die Bewohner von Tours befragt, welchem Projekt sie den Vorzug geben. Sie forderten, ihre Brücke in der ursprünglichen Form, wie sie zwischen 1765 und 1779 entstanden war, neu zu errichten.

Die Liebe zu ihrem baulichen Erbe hatten sie bereits unter Beweis gestellt, als das Problem der Altstadt zur Diskussion stand, jenes Stadtteils, der zwischen 1940 und 1944 stark beschädigt und unbewohnbar geworden war. (Zwölf Hektar Wohngebiet wurden zerstört, die Stadt hatte 9000 Kriegsopfer zu beklagen.) Man stand vor der Wahl, entweder alles abzureißen und in modernem Stil wiederaufzubauen oder zu retten, was noch zu retten war, und die neuen Bauten den alten anzupassen. Die Stadtverwaltung, die sonst den Bau von Betonklötzen im Randgebiet fördert, beschloß in diesem Fall, das alte Viertel, dessen enge Gassen mittelalterliche Namen tragen, neu zu beleben. Wo nur noch Ruinen standen, ließ man Fachwerkbauten mit gotischen Fenstern errichten und Häuser, größtenteils aus der Zeit zwischen dem 16. Jahrhundert und der Französischen Revolution, restaurieren. Das alles wirkt heute vielleicht etwas kulissenhaft, aber das alte Tours ist wenigstens nicht ganz verschwunden. Jedem Fremden sei ein Besuch trotzdem empfohlen.

Auch die Kathedrale lohnt eine Besichtigung. Kein Buch der Kunstgeschichte könnte die Entwicklung der Gotik vom Anfang des 13. Jahrhunderts bis zum Beginn der Renaissance besser darstellen als die Kathedrale Saint Gatien. Will man der Baugeschichte folgen, so braucht man nur auf die zwischen zwei hohen Türmen liegende schmale Fassade zuzugehen. Leider ist sie aus dem brüchigen Kalkstein dieser Gegend gebaut und vom Verfall bedroht. Sie besticht dennoch durch ein wunderschönes, in Stein gehauenes Spitzenmuster und durch Verzierungen wie Hakenspitzsäulen, Girlanden und Nischen. Gekrönt wird dieses Meisterwerk der Spätgotik durch die Renaissancekuppeln der Glockentürme. An die Kathedrale schließt sich das im 15. und 16. Jahrhundert erbaute Kloster St. Gatien, auch Cloître de la Psalette genannt. Ursprünglich war es nur den Domherren vorbehalten, später wurde es zu einem Wohnhaus umgestaltet: Honoré de Balzac ließ hier eine seiner Romanfiguren, den Pfarrer von Tours, leben. Im ehemaligen bischöflichen

Wird in ursprünglicher Form neu aufgebaut: die eingestürzte Steinbrücke

Spitzenmuster in Stein: die Kathedrale Saint Gatien (13.—16. Jh.)

Palais ist heute das Kunstmuseum untergebracht. Seine Grundmauern stammen aus der Zeit des hl. Martin, jenes in der römischen Legion dienenden Soldaten, der später Bischof von Tours wurde und seiner Barmherzigkeit wegen Eingang in die Heiligenlegenden fand. Die Sammlungen des Museums geben einen guten Überblick über die Entwicklung von der frühen bis zur zeitgenössischen Malerei.

Hat der Besucher erst einmal Mantegna, Jean Fouquet, Rembrandt, Delacroix und Degas bewundert, warten zwei völlig andere und sehr ungewöhnliche Museen auf ihn: im Kellergewölbe der ehemaligen Abtei St. Julien das Weinmuseum der Touraine mit einer bedeutenden Schriftensammlung über die Weinberge dieser Gegend und im früheren Schlafsaal der Mönche das Museum der Gesellenbruderschaften (Musée du Compagnonnage). Hier erfährt man viel über Leben und Arbeit, Bräuche und Traditionen der Handwerker (s. auch Seite 119).

Tours ist eine glückliche Verbindung von Gegensätzlichem, denn hier lebt nicht nur Vergangenes fort, sondern die Stadt gibt sich in vieler Hinsicht ganz bewußt modern und entwicklungsfreudig. Am Ende der Avenue de Grammont wurde inmitten von Gärten ein großes Wassersportzentrum errichtet, statt umweltschädigender Schwerindustrie siedelte man pharmazeutische, chemische und elektrotechnische Unternehmen an. Damit hat man zwar immer noch nicht genügend Arbeitsplätze geschaffen, aber das nehmen die *Tourangeaux* mit Gelassenheit hin. Stadt und Landschaft sind bisher nicht tiefgreifend verändert worden, und das, so scheint es, ist den Bewohnern von Tours viel wichtiger. □

Unsere Verant

ortung wächst.

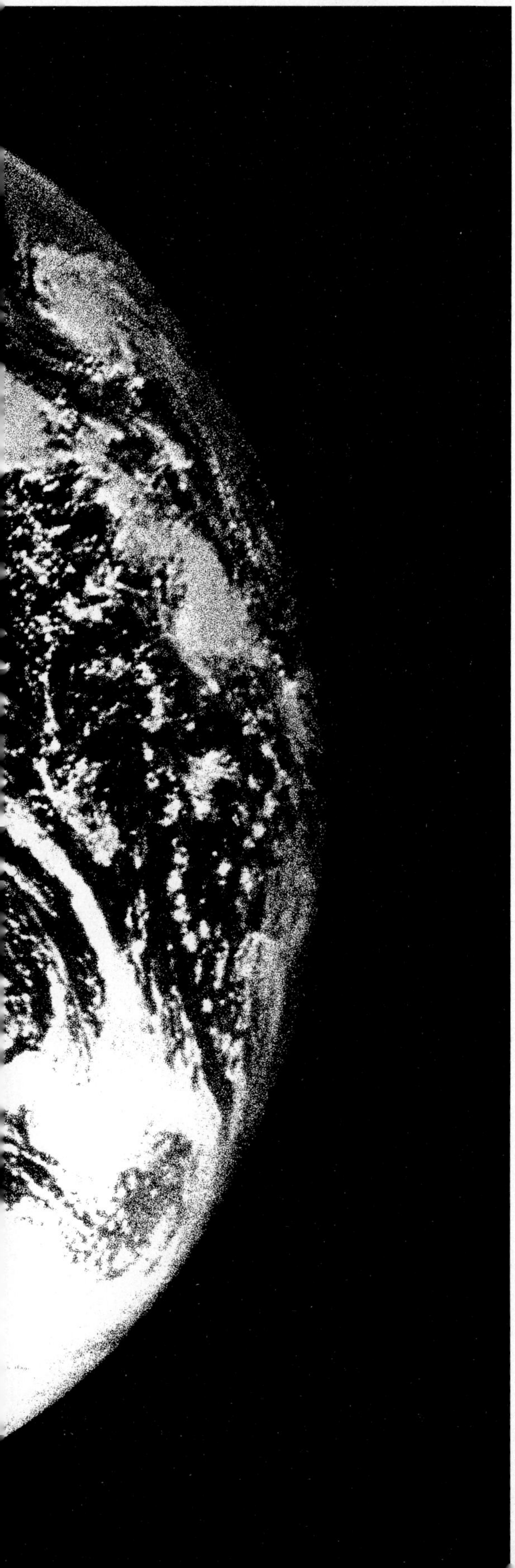

Jeder hat mal eine Krise.
Und wir hier auf diesem blauen Planeten stehen vor gravierenden Problemen besonderer Art.

Sie deuten sich zwar erst an, aber schon heute hängt es von jedem einzelnen ab, wie die Menschheit diese Krise meistern wird.

Die Rede ist von den immer weiter aufklaffenden Lücken in der Energieversorgung, vor denen wir stehen werden, wenn wir unsere Ansprüche weiter so unbekümmert steigern und Energie weiter so verschwenden, wie.wir es tun.

Es ist Zeit zur Besinnung.

Besonders die Führenden, deren Entscheidungen oft weit in die Zukunft von Generationen hineinreichen, müssen überzeugende Signale einer neuen Vernunft setzen.

Wir, die Deutsche BP, eines der größten Unternehmen der Energie- und Rohstoffwirtschaft in Deutschland, bekennen uns zu dieser Verantwortung vor der Gesellschaft und der Umwelt, in der wir leben. Denn wir sind ein Teil dieser Gesellschaft, und ihre Interessen müssen auch unsere sein.

Deshalb ist es nicht damit getan, sicherzustellen, daß wir auch morgen noch Öl haben. Wir müssen über unsere traditionellen Ziele hinausplanen:

Das nächste Jahrtausend blickt uns an.

Wir müssen in der Energie- und Rohstoffpolitik global denken, sie global anwenden.

Wir müssen weiter explorieren und gleichzeitig viel mehr forschen und entwickeln.

Wir brauchen besser heute als morgen Technologien, um die Energien, die tagtäglich verpuffen, optimal nutzen zu können.

Wir brauchen dringend neue und bessere Einsparungstechnologien, Umwandlungstechnologien, Veredelungstechnologien. Und endlich sichere alternative Energien.

Aber vor allem brauchen wir weltweit eine neue Einstellung zur Energie.

Wir brauchen ein Energiebewußtsein.
Dafür arbeiten wir.

Unsere Verantwortung wächst.

Ein Traum: Californien und seine Luxus-Häuser. Jetzt in architektur & wohnen. Ein Gedicht: Nach Lyon, in die kulinarische Hauptstadt der Welt. Jetzt im Feinschmecker. Beide überall im Zeitschriftenhandel.

Gehen Sie gleich bei Ihrem Zeitschriftenhändler vorbei und holen Sie sich die neue Ausgabe von architektur & wohnen oder die neue Ausgabe vom Feinschmecker. Oder gleich beide.

architektur & wohnen bringt eine Fülle von Informationen zum Thema Häuser, Bauen, Wohnen, Einrichten, Kunst und Antiquitäten, schöne Gärten. Der Feinschmecker berichtet über Gastlichkeit, Reisen und Speisen, kleine und große Rezepte, Gastronomie im In- und Ausland, Tendenzen und Ereignisse, die Feinschmecker interessieren. architektur & wohnen und der Feinschmecker machen Sie mit Dingen bekannt, die Sie so in keiner anderen Zeitschrift zu sehen bekommen.

Wissen, was schön ist.

ORLÉANS

Es war schon immer schwierig, in diese Stadt zu kommen.
Das erfuhr auch André Basson

Wenn man dem „grünen" Michelin glauben will, so ist Orléans keinen Umweg wert. Der „rote" versichert dagegen, es gebe dort gleich zwei Restaurants, die solchen durchaus lohnen. Beide Hinweise waren mir bei meiner ersten Begegnung mit Orléans wenig nützlich. Denn einmal kam ich dorthin, weil ich keinen Umweg machen wollte, und außerdem war das nachts um drei.

Ich war auf dem Weg zu einer Orchesterprobe in Angers, zusammen mit dem Kollegen von der Pauke. Wir hatten tags zuvor in Stuttgart zu tun gehabt und erst abends von dort losfahren können. Zur Ermittlung des kürzesten Weges hatten wir ein Lineal auf die Landkarte gelegt und waren so auf die Route Strasbourg–Nancy–Troyes–Orléans–Tours–Angers gekommen. Die Idee mit dem Lineal erwies sich als ein böses Omen, denn die königlichen Ingenieure von „Ponts et Chaussées" haben seinerzeit beim Straßenbau mit Vorliebe dieses Gerät benutzt, weswegen viele französische Nationalstraßen linealgerade sind. Zum Beispiel die N 60 zwischen Bellegarde und Châteauneuf-sur-Loire.

Seit einer Stunde hatten wir Schneetreiben. Der Schnee reflektierte das Licht der Scheinwerfer. Trotz weit aufgerissener Augen war ich fast am Einschlafen. Einige Kilometer hinter La Bourgeoisière, mitten im Forêt d'Orléans, sagte mein Mitfahrer: „Paß auf, nach zwei Kilometern kommt eine Rechtskurve!" Nachdem er mich am Steuer abgelöst hatte, erreichten wir mit einiger Mühe Orléans. Wir fuhren hinein, da wo einst die Porte de Bourgogne stand, durch die auch die heilige Johanna die Stadt betreten hatte. Johanna ihrerseits hatte auf dem Weg nach Orléans noch größere Schwierigkeiten gehabt. Sie war von Blois gekommen, wo wir erst hinwollten, und hatte die Stadt auf der falschen Seite der Loire gesucht. Außerdem hatte sie Streit mit den Engländern, wogegen wir mit ihnen verbündet waren. Zudem war es Anfang März, und die Engländer kommen gewöhnlich kaum vor Ostern ins Tal der Loire. Johanna also war von Westen gekommen und hatte links der Loire die Stadt nicht gefunden. Daraufhin überquerte sie die Loire stromaufwärts bei Chécy und betrat rechts des Flusses Orléans von Osten, um dann nach Süden einen Ausfall zu machen und die Engländer links der Loire zu schlagen. Nun ja, *c'est la guerre!*

Da, wo einst die Stadtmauern waren, sind heute breite Boulevards. Die Mauern sollten die Engländer fernhalten. Die Boulevards haben die gleiche Aufgabe bezüglich der Autos, aber viel weniger Erfolg. Vor der Stelle, wo einstmals die Porte de Bourgogne stand, hat man ein Schild aufgestellt: „Toutes Directions nach rechts", las ich meinem Kollegen vor. Der brummte verschlafen: „Nach Toutes wollen wir nicht." Bis ich ihm klargemacht hatte, daß „Toutes Directions" sämtliche Richtungen bedeute, war er in der Rue de Bourgogne.

Die Rue de Bourgogne ist eine schöne Straße mit einigen beachtlichen Renaissance-Häusern. Auch die Präfektur des Départements Loiret befindet sich dort. Aber sie ist eine Einbahnstraße – in der falschen Richtung. Nachdem ich den Kollegen am Steuer abgelöst hatte, versuchte ich, irgendwie nach schrägrechts zu kommen. Irgendwie. Die Rue de Bourgogne ist nicht die einzige Einbahnstraße in Orléans. Diese Stadt ist ein Einbahnstraßenparadies beziehungsweise -hölle. Ich bin nicht in der Lage, meinen Irgendwie-Weg von damals zu rekonstruieren. Es war nachts um drei, und die Delikte sind längst verjährt. Jedenfalls standen wir plötzlich vor der Kathedrale, die uns mit ihren löchrigen Türmen häßlich angrinste. Genauso häßlich wie sie nach Ansicht vieler Franzosen ist. Diese Türme! Hat man nicht reichlich Gelegenheit gehabt, neue zu bauen, wo doch diese Kirche weiß Gott oft genug zerstört wurde – im Jahre 989 durch Feuer, 1286 Einsturz, 1568 Calvinisten, 1944 Bomben, die eigentlich für den strategisch wichtigen Pont George V bestimmt waren.

Wir wußten damals nicht, daß diese Kirche keine Schönheit braucht, um geliebt zu werden. Hier ist das Herz Frankreichs, schräg unterhalb des Kopfes Paris. Die Legende erzählt, als um 375 der heilige Evortus den ersten Kirchenbau weihen wollte, sei die Hand Gottes über ihm erschienen und habe das Gebäude gesegnet. Keiner der Nachfolgebauten wurde je von einem Bischof geweiht. 848 wurde Karl der Kahle hier gekrönt. Nach Johannes Sieg feierte man in der Kathedrale das Te Deum. Heinrich IV. bezahlte einen Neubau als Beweis für die Ernsthaftigkeit seines Übertritts zum Katholizismus. Ludwig XIV. ließ eine sonnenförmige Fensterrosette mit seinem Bild anbringen, dazu die Inschrift: *nec pluribus impar*, „keiner kommt ihm gleich". 1920 feierte man die Heiligsprechung Johannas.

Was wußten wir überhaupt von Orléans? Die Jungfrau war uns ein Begriff, natürlich. Die Herzöge auch, Herzöge noch und noch. Zum Beispiel Herzog Ludwig von Orléans, den Johann ohne Furcht von Burgund ermorden ließ. Oder der andere Ludwig, der als Nr. XII König von Frankreich wurde. Oder Louis Philippe, der ganz im Gegenteil Revolutionär war und „Philippe Égalité" genannt wurde. Oder der andere Louis Philippe, der „Bürgerkönig" wurde und von dem alle lebenden Mitglieder des Hauses Frankreich abstammen. Viele dieser „von Orléans" kann man in der berühmten Porträt-Sammlung des Musée des Beaux Arts betrachten.

All das kümmerte uns im Augenblick wenig, und auch den 110 000 Bewohnern von Orléans war es völlig gleich. Sie schliefen, müde von ihrem Tagewerk des Handelns mit Gemüse und Wein, der Herstellung von Autos und der dazugehörigen Reifen, des Montierens von Elektrogeräten oder des Anrührens ihres hervorragenden Essigs, des Studierens in der 1962 wiedergegründeten Universität oder des Anhaltens von Autofahrern, die mit den Einbahnstraßen nicht zurechtkommen.

Wir aber wollten von Orléans nach Angers und hatten keinen Stadtplan. Glücklicherweise fiel uns ein, daß sich das Hauptportal der Kathedrale und ihre Türme auf der Westseite befinden. Mein Kollege und ich fuhren also die Rue Jeanne d'Arc westwärts, überqueren die Rue Royale, wobei wir die Place du Martroi mit dem Reiterstandbild der Johanna rechts liegen ließen, und erreichten über die Madeleine-Vorstadt die N 152 nach Angers. □

Noblesse oblige

Ernst Weisenfeld über den französischen Adel

Wenn man die Loire bei Saumur in nördlicher Richtung überquert hat, stößt man knapp 50 Kilometer weiter auf den kleinen Ort Le Lude am Loir. Über dem Flußufer erheben sich die Wehrtürme seines Schlosses. Wer sich Le Lude tagsüber durch die sanft gewellte, von einigen mächtigen Bäumen belebte Weidelandschaft nähert, dem wird der Obelisk nicht entgehen, der zu Ehren der Stute „Bougie" aufgestellt wurde: Ein Schloßherr begrub hier gegen Ende des 19. Jahrhunderts sein Lieblingspferd; er hätte es gern auch segnen lassen.

Wenn man an einem Winterabend ankommt, wird man im mächtigen Umriß des Schlosses nur ein einziges Fenster erleuchtet sehen. Die Mutter des jetzigen Schloßherrn, eine geborene Prinzessin de Bragance et d'Orléans, wohnt meist allein in dem Bau, der über 100 Räume, aber keine Zentralheizung hat. Der einzige dienstbare Geist hat die Sechzig überschritten und lebt in einem Nebengebäude. Den Teil des Schlosses, der den Touristen geöffnet wird, putzt eine Zugehfrau. Vor 100 Jahren gab es noch mehr als zehnmal so viele Dienstboten.

Ein Sohn, Louis-Jean Comte de Nicolay, von den Alteingesessenen einfach Monsieur Louis-Jean genannt, hält sich während der Woche meist in Paris auf, wo er an einem Versicherungs-Unternehmen beteiligt ist. Er gehört dem Gemeinderat von Le Lude an. Der andere ist im Staatsdienst, und zwar in Afrika. Wenn man in der Gemeinde vom „Afrikaner" spricht, meint man ihn.

Ab März ist das Leben für die einsame alte Dame im Schloß bewegter. „La Comtesse", wie man sie nennt, führt den Vorsitz im Verein, der von Juni bis September dreimal wöchentlich das Schloß-Schauspiel veranstaltet, und das ist die große Sache von Le Lude. Das Schloß ist auf vielfältige Weise mit der Geschichte Frankreichs verbunden: Im 19. Jahrhundert beispielsweise stellten die Schloßherren – die Marquis' de Talhouët-Roy, von denen es im Erbgang an die Nicolay kam – einen General für Napoleon I. und einen Minister für Napoleon III. Das alles wird nicht nur auf Tonbändern und mit Lichteffekten erzählt, sondern auch durch lebende Bilder. 320 von den 4100 Gemeindemitgliedern wirken dabei mit oder helfen. Kaum eine Familie, die davon ausgeschlossen bleibt. Und da aus vielerlei Gründen immer Umbesetzungen notwendig werden, müssen die Vorarbeiten im März beginnen.

Das Schauspiel hat jährlich 120 000 bis 140 000 Zuschauer. Es hat dem Schloß im Michelin-Reiseführer drei Sterne eingetragen, dem Ort einen ungeahnten Ruf und – nicht zuletzt – zusätzliche Einnahmen, die die Größenordnung von einer Million Mark erreichen. Davon entfällt der geringere Teil auf die Mitwirkenden und alle anderen Unkosten, der größte kommt 15 verschiedenen Einrichtungen zugute, darunter dem Fußballklub, und der Erhaltung des Schlosses. Was für das Schloß übrigbleibt, erlaubt aber mit Sicherheit nur die Bezahlung der zwei Gärtner für die Parkanlagen.

Louis-Jean de Nicolay, 30 Jahre, sportlich, weitgereist und mit Staatsdiplomen ebenso wie mit englischem Humor ausgestattet, meint dazu abends am Kamin: „Ich müßte wohl die Tochter eines Ölscheichs heiraten, um das Schloß zu erhalten." Er hat gerade eine größere Außenreparatur in Auftrag geben müssen, kann aber kaum einen wesentlich höheren Zuschuß aus der Schauspielkasse erwarten, denn die Anteile am Reingewinn sind festgelegt. Daran etwas zu ändern, würde vielleicht das demokratische Gleichgewicht der Gemeinde stören, ganz sicher aber die Familientradition. Fast 300 Jahre lang hatten die Grafen Nicolay das Amt des Präsidenten der Rechnungskammer von Paris in Erbpacht. Eine Ahnengalerie strenger Gesichter repräsentiert ein Stück französischen Zentralismus. Das Spektakel, das aus einer kleinen Wohltätigkeitsveranstaltung zugunsten der privaten, das heißt katholischen Schule entstand, hat die Beziehungen zwischen Schloßherren und Gemeinde fester werden lassen. Anregungen von beiden Seiten und viel gemeinsame Liebe zur Sache haben die jetzige Form in 20 Jahren entwickelt. Der „Afrikaner" nimmt heute noch Anteil an den Mühen des Festspiel-Ausschusses, indem er den Mitgliedern fleißig Ansichtskarten schickt.

Zwischen den privaten Schloßbesitzern im Gebiet der Loire gibt es viele verwandtschaftliche Beziehungen, gemeinsame Probleme und als Rest höfischer Geselligkeit die Jagd. Man merkt das auf Schloß Brissac. Der Marquis de Brissac unterhält eine Equipage für die Parforcejagd, eine Meute von rund 40 Hunden und einige Pferde. Man jagt zwischen Oktober und März gewöhnlich zweimal in der Woche. Die Jagdgesellschaft beteiligt sich an den Unkosten. Die meisten gehören zu „den Familien" der engeren und weiteren Umgebung. „Andere fahren zum Wintersport. Wir leisten uns dies."

Wenn der Marquis de Brissac von „den Familien" spricht, sind es allemal Familien des Adels und des Großbürgertums. Ihre Verbindung prägte die nachrevolutionäre französische Gesellschaft. Sie gibt bis heute den Ton an. Für die Jagdgesellschaft gibt es mehrfach in der Saison ein Gelage. Das findet aber nicht mehr im Schloß statt – dazu fehlt das Personal –, sondern in einem Nebengebäude, wo für diese Zwecke eine Hausbar mit Selbstbedienung eingerichtet ist, die sich in nichts von ähnlichen Einrichtungen in besseren Einfamilienhäusern unterscheidet. Von den Zeiten, da sich ganze Familien mit Hauslehrer und eigener Dienerschaft in den 203 Räumen des Schlosses während der Jagdzeit einquartierten und man sich abends in den großen Sälen zum Diner traf, ist man noch kaum 100 Jahre entfernt.

Man kann die Teilnahme an einer Parforcejagd auf Schloß Brissac auch über ein Reisebüro buchen. Davon wird allerdings selten Gebrauch gemacht. Mehr Erfolg hat das Angebot, große Empfänge oder „Prestige-Diners" zu veranstalten – mit oder ohne die Schloßherren. Falls gewünscht, ergehen die Einladungen in ihrem Namen. Der Hausprospekt offeriert „viele Möglichkeiten, von vergangenen Zeiten zu träumen, in einem Rahmen, der schon Ludwig XIII. empfing". Dem Prospekt liegen die Dankschreiben großer internationaler Firmen bei, die hier bis zu 300 Geschäftsfreunde bewirteten. Die Rittersäle mit den kostbaren Deckengemälden, Ahnenbildern, Gobelins und Wappen sind groß genug für 400 Personen. In zwei Sälen wird getafelt, in zwei weiteren konferiert. (Fortsetzung auf S. 106)

Die schönsten Landschaften Mitteleuropas.
Was fehlt Ihnen noch in Ihrer Sammlung?

Ostseeküste von
Flensburg bis Lübeck

Wachau, Wald- und
Weinviertel

Provence

Schwarzwald: Der Süden

Bodensee

Holland

Salzkammergut

Sylt/Amrum/Fohr

In jeder Buchhandlung.

Die Donau von Ulm bis Passau

— so heißt das nächste MERIAN-Heft.
Eine Landschaft, die im Umbruch begriffen ist.
Autobahn und Kanal hinterlassen deutlich ihre Spuren. Dennoch, Städte wie Ulm, Regensburg, Straubing und Passau haben nichts von ihrem anziehenden Charme verloren. Hier trifft man Schritt für Schritt auf Historisches, hier wurde Geschichte gemacht, hier werden noch Geschichten erzählt. Und letzteres häufig bei Bierseidel und Radi. MERIAN führt Sie in die großen und kleinen Ortschaften entlang der Donau, besucht die Bundeswehr-Pioniere bei Ingolstadt, stellt Ihnen in Wort und Bild die Kunst der Gebrüder Asam vor und vieles mehr.
Roland Rosenbauer aus Altenberg gewann mit seinem nebenstehenden Foto eine Konica Autoreflex T 4. Der Preisträger schreibt uns zu seinem Bild: „Das Foto entstand an einem diesigen Aprilmorgen in der Nähe von Wörth an der Donau. Leider wird hier bald die Autobahn gebaut, so daß diese schöne Landschaft zerstört sein wird. Etwa fünfhundert Meter von meinem Standort entfernt wälzten Bagger schon die Erde um."

Unser Leser-Fotowettbewerb geht mit den untenstehenden Themen weiter. Als Preis ist jeweils eine wertvolle Systemkamera ausgesetzt. Vergessen Sie bei Ihren Einsendungen nicht, jedes Dia (bitte höchstens 6 Dias schicken) mit Ihrem Namen und der Motivangabe zu versehen und den Umschlag mit dem Stichwort FOTOWETTBEWERB und dem entsprechenden Thema zu kennzeichnen. Alle Dias werden von uns nach der Prämierung zurückgesandt.

**Redaktion MERIAN, Hoffmann und Campe Verlag
Harvestehuder Weg 40, 2000 Hamburg 13**

Unsere nächsten Themen	Einsendeschluß
Kuba	abgelaufen
Tunesien	10. 7. 1979
Hongkong	10. 8. 1979
Köln	10. 9. 1979

Der Marquis de Brissac führt die Berufsbezeichnung „Landwirt", und er bewirtschaftet tatsächlich einen Teil seiner Ländereien selbst. Die Verpachtung wirft nicht viel ab. Manche Schlösser verpachten noch 1000 und mehr Hektar. Aber sie können sie nicht zu rentablen Größen zusammenfassen, müssen die Gebäude von zwölf oder 15 Höfen, die Zäune und manchmal die Wege unterhalten und können den Pachtzins (meist etwa 175 Mark pro Hektar) auch nicht mehr mit Gewalt eintreiben. Der Marquis de Brissac hält zäh an dem Versuch fest, die Unkosten des Schlosses durch das Schloß selbst und durch den alten Namen aufzubringen. Vier Brissacs waren Marschälle von Frankreich. Sein Vater, der Herzog von Brissac, ist eine der glanzvollsten Erscheinungen des Pariser Lebens, und das heißt: Er ist ein Mann von Kultur und Esprit. Er hat eine Tochter des Stahlkönigs Schneider-Creusot geheiratet. Schon vor ihm hatten sich Brissacs mit Zucker-, Textil- und Champagnerprinzessinnen vermählt. Eine Ahnfrau ist die berühmte Veuve Clicquot.

Lebensart wird verkauft

Das alles vermarktet der Marquis konsequent nach der Devise: „Wenn wir etwas im Leben gelernt haben, ist es dies: Gäste empfangen." Die Marquise stammt ebenfalls aus einer alten Familie. Sie könnte genausogut aus einer Filmfabrik kommen, wo sie immerfort die junge hübsche Schloßherrin darzustellen hatte. Aber das täuscht. Seitdem sie mit ihren vier Kindern aus dem Gröbsten heraus ist, hat sie Altgriechisch gelernt, und jetzt bereitet sie sich auch noch auf das theologische Staatsexamen vor. Sie hilft dem Pfarrer beim Religionsunterricht.

Die jungen Brissacs sind bei weitem nicht die einzigen, die ihre noble Herkunft dazu benutzen, „Lebensart zu verkaufen". Die Schlösser in der Umgebung von Paris werden bis nach Tokio als Hochzeitskulisse angeboten – mit Erfolg. Damit ist die Frage, welchen Platz heute der Adel in der französischen Gesellschaft einnimmt, schon zum Teil beantwortet. Seine Lebensart ist immer noch für viele ein Vorbild. Und man sollte nicht glauben: nur für Parvenüs. Das intensive Verhältnis der Franzosen zur eigenen Geschichte hat gerade dem 18. Jahrhundert, das den Höhepunkt des Königtums und die Revolution erlebte, einen Platz in vielen Herzen gesichert. Was immer aus dieser Zeit stammt, erreicht bei Versteigerungen die höchsten Preise. Wer im Leben etwas darstellen will, besitzt einige Gegenstände dieser Epoche.

Die Revolution von 1789 hat die Privilegien nur für kurze Zeit abgeschafft. Die privilegierten Schichten von heute erkennt man in Frankreich daran, ob sie wenig oder viel als Geschäftsunkosten verbuchen, Dienstautos fahren und Dienstreisen genehmigen können. Wenn sie besonders privilegiert sind, tagen sie in einem Schloß.

Auch für andere Kreise gibt es nichts Schöneres. Die kommunistische Gemeinde von Gennevilliers im „roten Gürtel" von Paris zum Beispiel hat für ihre Sozialwerke ein Schloß gekauft, das einmal der Diana von Poitiers gehörte und zu den vielen halbverfallenen Schlössern Frankreichs zählte. Sie organisiert dort unter anderem Veranstaltungen für Jugendliche und Rentner. Vor ein paar Jahren bot die Heimleiterin den Rentnerpaaren während ihrer 14 Schloßtage Unterricht im Menuett-Tanz an. Mit welcher Begeisterung tanzten die alten Kommunisten am Abschiedsabend Menuett auf der Schloßterrasse und verneigten sich voreinander wie le Marquis und la Marquise!

Kein Wunder, daß da viele etwas sein möchten, was sie eigentlich nicht sind. Der Mißbrauch des einfachen Adelsprädikats „de", das dem deutschen „von" entspricht, wurde schon unter den Königen nicht verfolgt. Denn es konnte eine geographische Herkunftsbezeichnung sein. Das haben sich bis heute viele zunutze gemacht. Andere haben ihren Namen ganz legal „veredelt" – durch Adoption gegen die Zahlung einer Leibrente. Der Vater des jetzigen Staatspräsidenten Giscard d'Estaing beispielsweise hat sich beim Tode einer entfernten Verwandten, die den Namen d'Estaing führte, den Antrag genehmigen lassen, diesen Namen dem seinen, Giscard, anzufügen, „damit er nicht aussterbe". Das ist völlig korrekt vor sich gegangen. Aber die Inflation an Adelstiteln ist so groß geworden, daß eine vom Adelsverband eingesetzte Kommission die Ansicht vertritt: Bis zu 80 Prozent der Namen, die nach Adel klingen oder sogar Adelstitel sind, hielten strengen Nachprüfungen nicht stand. Es handele sich um Phantasieprodukte oder um Fälschungen, nämlich um die Aneignung ausgestorbener Namen. In Zahlen: Es gebe nur rund 5000 adlige Familien in Frankreich, wogegen 20 000 bis 25 000 Familien adlige Namen tragen. Was beweist das? Daß es doch wohl Vorteile im Leben bringt, wenn man dem Adel zugerechnet wird ...

Treue zum Familienerbe

Die Ironie der Geschichte ist die: Der wirkliche Adel trägt seine Titel mit Diskretion. Die Familien de Brissac, de Nicolay und alle anderen schmücken ihre Visitenkarten nicht mit den Titeln Duc, Marquis, Comte, Vicomte, Baron oder Chevalier – so wenig wie es bei Professoren und Doktoren (außer Ärzten) oder Ministerialdirigenten üblich ist. Die Eingeweihten wissen es schon ... Und außerdem werden sie bei großen Anlässen – Geburten, Hochzeiten, Sterbefällen – mit ganzen Ahnenreihen an die familiären Zusammenhänge erinnert. Das prägt sich ein. Frankreich hat für so etwas aufmerksame Ohren. Es hat auch sehr viel Verständnis dafür, daß sich die Schloßherren aus Treue zum Familienerbe um die Erhaltung ihrer völlig unpraktischen Paläste bemühen. Der Staat könnte von den rund 1800 Schlössern höchstens ein gutes Dutzend als Museumsstücke erhalten. Wieviel würde auch der französischen Landschaft verlorengehen? Das ist wohl, mehr oder weniger deutlich, allen bewußt. Und der zähe, wenn auch vergebliche Kampf gegen die Kräfte der Zeit, die alte Lebensformen zerstören oder zermürben, ist den meisten Franzosen gemeinsam. Die Melancholie, die über den einst glanzvollen Schlössern liegt, ergreift sie alle.   □

„Ein schönes Plätzchen für mein Schätzchen!"

Wissen Sie noch, damals?

Sie hatten doch ganz bestimmt auch Ihren Lieblingsplatz. Vielleicht war es Opas Stuhl, wo Sie so herrlich träumen konnten und wo es so warm und gemütlich war.

Inzwischen stehen Sie mit beiden Beinen in der Wirklichkeit und haben wenig Zeit zum träumen.

Heute wissen Sie, worauf es zuerst ankommt: Ihre Gesundheit ist das Wichtigste im Leben.

Wir von der Deutschen Krankenversicherung sorgen dafür, daß jederzeit und überall für Ihre Gesundheit das Beste getan werden kann. Mit einem modernen Versicherungsprogramm für die individuelle Behandlung als Privatpatient und mit der Sicherheit von Europas größter privater Krankenversicherung.

Die private Krankenversicherung, die für jeden da ist.
Deutsche Krankenversicherung

Deutsche Krankenversicherung · Aktiengesellschaft · Aachener Str. 300 · 5000 Köln 41

Zu unseren Autoren

Hervé Bazin, 1911 geboren, stammt aus einer alten angevinischen Bürgerfamilie. Er studierte Rechtswissenschaft an der Katholischen Universität von Angers und Literaturwissenschaft an der Sorbonne. Nach dem Krieg gründete er mit Freunden die Zeitschrift „La Coquille"; 1947 und 1948 gibt er zwei Gedichtsammlungen heraus, „Jour" und „A la Poursuite d'Iris". Seinem ersten Roman, „Vipère au poing", folgen weitere. Seine Werke, die bereits Klassiker, werden in zahlreichen Ländern im Französischunterricht gelesen. Er erhielt verschiedene Preise, u. a. den Grand Prix de Monaco, und wurde 1958 von der Académie Goncourt zum Mitglied gewählt, deren Präsident er seit 1972 ist. Als Literaturkritiker arbeitet er für zahlreiche Zeitungen und Zeitschriften. Viele seiner Bücher sind verfilmt worden. Übersetzungen seiner Bücher gibt es in 28 Sprachen, ins Deutsche übertragen wurden u. a. „Viper im Würgegriff" (Vipère au poing, 1948), „Den ich zu lieben wage" (Qui j'ose aimer, 1956), „Mein Sohn" (Au nom du fils, 1960), „Die sanften Löwinnen" (Le Matrimoine, 1967), „Glück auf dem Vulkan" (Les Bienheureux de la désolation, 1970).

Wolfgang Boller, Jahrgang 1928, lebt als freier Journalist und Reiseschriftsteller in München. Vormals Redakteur von MERIAN und der „Zeit", schreibt er seit mehr als zehn Jahren für eine Reihe von Zeitschriften und illustrierten Blättern. Bei Polyglott und im LN-Verlag erschienen Führer über Zypern, München, Südafrika, USA, Fernost und Afrika.

André Bourin wurde 1918 in Tours geboren. Er ist Literaturkritiker, Produzent von Fernsehsendungen und Autor eines „Dictionnaire de la littérature française contemporaine", eines Essays über Jules Romains sowie mehrerer literaturwissenschaftlicher Werke. Sein neuestes Buch ist der Loire und ihren Dichtern gewidmet („La Loire et ses poètes").

Jacques-Louis Delpal, 1934 in der Nähe von Paris geboren, brach sein Studium ab, um sich ganz dem Journalismus zu widmen. Seine Spezialgebiete sind Theater und Touristik. Er ist gastronomischer Berichterstatter der Monatszeitschrift „LUI" und Leiter einer Reiseführerreihe mit hoher Auflage im Verlag „Livre de Poche". In dieser Reihe hat er 17 Bände über zahlreiche französische und andere europäische Regionen geschrieben. Im Verlag „Jeune Afrique" veröffentlichte er „L'Aquitaine", „Le Val de Loire" und „Paris" (die es auch in deutscher Übersetzung gibt); der neueste Band dieser Reihe ist „La Bourgogne". Er hat gerade sein Manuskript für ein neues Buch, einen Kulturführer für Frankreich, beendet, das in deutscher Übersetzung in der Droemerschen Verlagsanstalt erscheinen wird.

Paul Fénelon, Doktor der Philosophie sowie Professor für Geschichte und Geographie, lehrte Geographie an den Universitäten von Poitiers, Tours und Orléans. Er ist Mitherausgeber der Zeitschrift „Norois" und veröffentlichte eine Geomorphologie „Périgord enchanté", ein Wörterbuch der Agrargeographie, eine Studie über die „Pays de la Loire" und vieles mehr.

Ruth Gerisch-Bydekarken, 1933 in Lissabon geboren und mit dem Reisejournalisten Peter Gerisch verheiratet, ist – von längeren Aufenthalten in England und Frankreich abgesehen – seit 1938 in Berlin und Frankfurt ansässig. Ausgedehnte Reisen führten sie durch Europa, Nord- und Südamerika, Afrika und Asien. Als freie Mitarbeiterin der „Frankfurter Allgemeinen Zeitung", der „Deutschen Zeitung/Christ und Welt" und anderer Blätter ist sie seit 16 Jahren im Reisejournalismus tätig. Von ihr stammt die deutsche Bearbeitung des Bazak-Israel-Reiseführers.

Dr. Wilfried Hansmann, geboren 1940, studierte Kunstgeschichte, Geschichte, Germanistik und Volkskunde. Seit 1969 ist er in der Denkmälerinventarisation des Landeskonservators Rheinland in Bonn tätig und zugleich Fachreferent für die Denkmalpflege an den Schlössern Augustusburg und Falkenlust in Brühl. Für seine Doktorarbeit über das Schloß Augustusburg wurde er 1977 mit dem Paul-Clemen-Stipendium ausgezeichnet. Zahlreiche Veröffentlichungen, darunter die Bücher „Schloß Falkenlust" (Köln 1973), „Das Tal der Loire" (Köln 1976, 4. Aufl. 1979) und „Baukunst des Barock" (Köln 1978).

August Graf Kageneck wurde 1922 an der Mosel geboren, besuchte das Jesuiten-Kolleg in Godesberg und machte dort im Herbst 1939 sein Kriegsabitur. Seit 1948 arbeitete er als Journalist, zunächst in Bad-Kreuznach, dann in Hamburg; 1955 ging er als Korrespondent nach Paris, zunächst für die „Bildzeitung", dann als Reporter der „Windrose" (P.v.Zahn), für die „Kölnische Rundschau", den Deutschlandfunk und seit 1969 für „Die Welt". Buch-Veröffentlichungen: „Lieutenants sous la tête de mort" (1968), „Les Démons", Roman (1976), beide in französischer Sprache.

Chris Kutschera – hinter diesem Namen verbergen sich zwei Personen: Sie, Französin, ist 1940 in Angers geboren, studierte Wirtschaftswissenschaft und arbeitet als freiberufliche Fotografin. Er, 1938 geboren, ebenfalls Franzose, gab 1961 sein Medizinstudium auf, um sich dem Journalismus widmen zu können. Nach fünfjähriger Tätigkeit für eine amerikanische Presseagentur arbeitet er seit 1972 freiberuflich. Sie leben in einem Schloß in der Nähe von Chambord und verbringen ihre Zeit zwischen dem Mittleren Orient und dem Loire-Tal. Sie haben zahlreiche Reportagen über Nahostthemen in deutschen (Stern, Quick, Bunte) und in französischen Zeitschriften (Paris-Match, L'Express) sowie Reiseberichte und Bildbände veröffentlicht.

Josef Müller-Marein, geboren 1907 in Marienheide/Rhld., lebt als freier Schriftsteller in Paris. Nach Studium und Musikausbildung in Köln, Frankfurt/Main und Berlin von 1932 bis 1943 war er Mitarbeiter des Ullstein- und Scherl-Verlags, Berlin, von 1946 bis 1968 Redaktionsmitglied und Chefredakteur der Wochenzeitung „Die Zeit". Buchveröffentlichungen u. a. „Cavalcade" (1946, 1947, 1948), „Die Bürger und ihr General" (1960), „Deutschland im Jahre 1" (1960), „Der Entenprozeß" (1961), „Tagebuch aus dem Westen" (1963), „Wer zweimal in die Tüte bläst ..." (1967), „Deutschland deine Westfalen" (1972).

Dr. Gerda Rob, gebürtige Österreicherin, studierte Philosophie, Geschichte und Volkskunde und lebt seit 1954 in Wien. Sie machte sich nach mehrjähriger Tätigkeit im Hartleben-Verlag in Wien als Autorin selbständig, bereiste mehrmals alle Kontinente und schrieb außer vielen Reiseberichten für Zeitschriften, Zeitungen und Fachblätter Reiseführer über 16 europäische und außereuropäische Länder.

Fritz Roth, Jahrgang 1911, stammt aus Sachsen und besuchte die Fürstenschule St. Afra in Meißen. Der Diplomlandwirt und PR-Leiter ist u. a. Mitarbeiter internationaler hippologischer Zeitschriften und Zeitungen und widmet sich besonders der deutsch-französischen Zusammenarbeit. 1974 wurde er zum „Chevalier du Mérite Agricole" ernannt, 1975 mit der Bundesverdienstmedaille ausgezeichnet.

Dr. Klaus-Peter Schmid, Jahrgang 1942, studierte Volkswirtschaft, war nach zweijähriger Assistententätigkeit an der Universität in Mannheim ein Jahr Gast an der Ecole Nationale d'Administration in Paris (ENA). Von 1971 bis 1973 Wirtschaftsredakteur bei der „Zeit", seitdem ihr Frankreichkorrespondent. Theodor-Wolff-Preis 1977.

Dr. Hermann Schreiber, 1920 in Wien geboren, studierte Germanistik und Kunstwissenschaft. Er war zunächst als Literaturkritiker, dann als freier Schriftsteller tätig. Seine Haupterfolge erzielte er auf dem Sachbuchsektor; er ist auch Verfasser erfolgreicher Reisebücher (Provence, Normandie, Bretagne). Hermann Schreiber lebt in München.

Gertrud Strub, in der Schweiz geboren und aufgewachsen, studierte Sprachen und Geschichte in Basel, wo sie kurze Zeit am Mädchengymnasium unterrichtete. 1945 zog sie nach Paris und ist seither als freiberufliche Übersetzerin und Lektorin tätig.

Dr. Ernst Weisenfeld wurde 1913 in Gevelsberg am Rand des Ruhrgebietes geboren. Er bereitete sich zunächst auf eine journalistische Tätigkeit als Balkankorrespondent vor, die er 1938 auch noch in Bukarest begann. (Fortsetzung Seite 112)

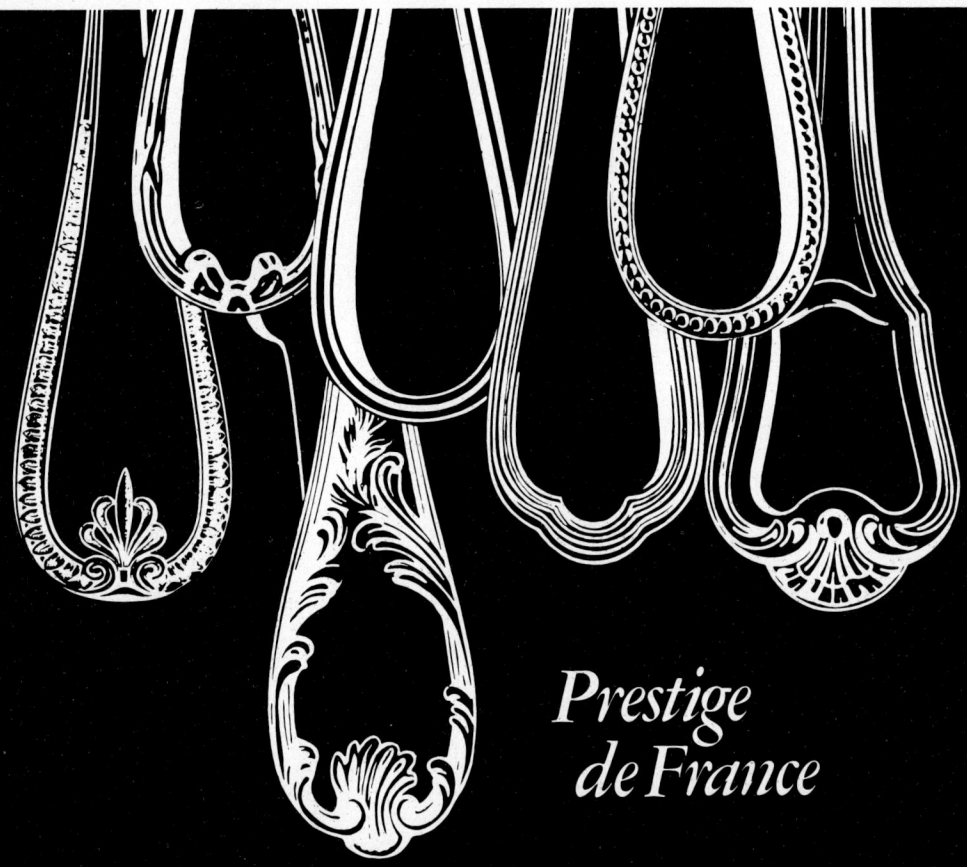

Prestige
de France

Christofle: Seit 1830. Edles Material.
Exclusive Herstellungsmethoden. Lupenreine Dekore.
Silberschmiedekunst, die nicht beliebig kopierbar ist.

Bestecke und Tafelsilber im Stil zueinander passend.
Hervorgegangen aus der ungebrochenen Tradition
französischer Tischkultur.

Christofle: In über 100 Ländern vertreten.
Von den Großen der Welt bevorzugt. Und doch für alle
erreichbar, die absolute Ansprüche an Qualität und
Stilreinheit stellen. Denn Christofle Bestecke kann man
sammeln. Über lange Zeit. Auch in Sterlingsilber.

Christofle
Silberschmiede Paris

Dokumentation: Christofle Deutschland GMBH · Feldbergstraße 12 · 6000 Frankfurt am Main 17

Fruchtbares
Land der Poesie

Von André Bourin

Das Tal der Loire ist getränkt von Poesie. Schon zwei der ersten Stimmen in der Geschichte unserer Literatur, Guillaume de Lorris und Jean de Meung, tragen Namen von Orten aus der Gegend um Orléans und Blois. Ihre Wiege stand am Eingang des „Gartens von Frankreich". Kein Wunder, daß ihr gemeinsames Werk, das im 13. Jahrhundert entstand, „Roman de la Rose" genannt wurde. Es ist die Geschichte einer Rose von besonders lieblichem und starkem Duft. Kein anderes Werk im Mittelalter fand mehr Beachtung, da man in ihm den Ursprung aller allegorischen Dichtung sah, die bis zur Renaissance die beliebteste poetische Form war. Die beiden Männer waren grundverschieden, auch wenn sie unter demselben Himmel aufwuchsen. Guillaume de Lorris läßt in den 4068 Versen, die er uns hinterlassen hat, einen träumerischen Charakter erkennen. Er öffnet uns das Paradies der Liebe, wo ein leidenschaftlicher Ritter die vielgeliebte Rose pflücken möchte. Jean de Meung hingegen, der 40 Jahre nach dem Tod des Älteren dem Werk nicht weniger als 18 000 Verse hinzufügt, führt mit seinem Helden heftige Angriffe gegen die Institutionen seiner Zeit.

François Villon: Des Diebstahls in einer Kirche angeklagt, muß er lange Monate im Turm des Gefängnisses von Meung schmachten. Er verfaßt hier einige Balladen, um sein jammervolles Schicksal zu vergessen, denn er wäre wahrscheinlich am Galgen geendet, wenn nicht an einem Oktobertag des Jahres 1461 der eben gekrönte König Ludwig XI. seinen Weg an die Loire genommen und ihn begnadigt hätte.

Einige Jahre zuvor war Villon im Schloß Blois bei einem anderen Dichter zu Gast gewesen, bei Karl von Orléans, dem Verfasser von Rondeaus, Balladen und Liedern, die uns dessen melancholische Stimme bewahrt haben. Herzog Karl war ein Neffe des Königs Karl VI. und Vater des späteren Königs Ludwig XII. Mit 15 Jahren heiratete er (1406), mit 18 war er Witwer. 1415 wurde er in der Schlacht bei Azincourt gefangengenommen und kehrte erst nach einem Vierteljahrhundert aus englischer Gefangenschaft zurück. Nach einer kurzen, mißglückten politischen Karriere zog er sich an die Loire zurück und gebot von nun an über einen Hofstaat von Schriftstellern und Philosophen. Die Musen waren ihm die liebsten Trösterinnen. Er hatte Freude daran, Wettkämpfe der Poesie zu veranstalten, bei denen die Konkurrenten ein ganzes Gedicht auf einen Vers schreiben mußten, den er erdacht hatte. So wurde François Villon zu einer seiner berühmtesten Balladen angeregt, über ein Thema, das Karl von Orléans vorgegeben hatte: *Je meurs de soif auprès de la fontaine, / Chaud comme feu, et tremble dent à dent; / En mon pays suis en terre lointaine; / Près d'un brasier fris-*

sonne tout ardent ... (Ich sterb' vor Durst ganz nahe bei der Quelle / Am warmen Herd ist mir doch bitter kalt / In meinem Heim bin ich im fremden Lande / Nahe der Glut fühl ich des Frosts Gewalt ...)

In der Renaissance wird das Tal der Loire zum Tal der Könige. Das Haus Valois liebt die Feste, den Luxus, das Spiel und die Künste. Das alte keltische und gallische Erbe wird zurückgedrängt zugunsten der griechisch-römischen Kultur, und die Literatur wird bevölkert von Faunen, Satyrn, Nymphen, Göttern und Halbgöttern, die der antiken Mythologie entstammen.

Auch François Rabelais ist ein Kind der Loire. Irgendwann zwischen 1483 und 1490 wurde er in La Devinière bei Chinon als Sohn eines Advokaten geboren. Den Mönch, Humanisten, Arzt und Dichter Rabelais hielt es nicht lange im lieblichen Loire-Tal. Er lebte in Paris, Montpellier, Lyon, Rom, Turin, Metz und starb 1553 in Paris. 1532 erschien sein Werk „Les horribles et espoventables faictz et prouesses du très renommé Pantagruel, roy des Dipsodes, filz du grant géant Gargantua", dem weitere Bücher über die beiden grotesken Riesen folgten. Die komischen, lebensprühenden, zeitkritischen Geschichten von Gargantua und Pantagruel waren wenig nach dem Geschmack der geistlichen Zensoren von der Sorbonne. Aber auch den Protestanten waren seine bunten Schnurren zu heidnisch. Eine liebgewordene Legende sieht Rabelais selbst als gargantuesken Säufer. An dieser Legende ist ein anderer Dichter von der Loire nicht ganz unschuldig: Pierre de Ronsard.

Zeitgenossen sehen in Pierre de Ronsard den König der Dichter und den Dichter der Könige. Er ist ein Adliger aus dem Vendôme. Sein Vater, ein Offizier, hatte Ludwig XII. bei der Besetzung Mailands begleitet, später nahm er auf der Seite Franz' I. an der Schlacht von Pavia teil. Auch Pierre de Ronsard hätte gern eine militärische Karriere eingeschlagen, aber eine frühe Taubheit machte diese Hoffnungen zunichte. Jedoch sein Bestreben, sich vor anderen auszuzeichnen, sein Talent vor allem, bringen ihn dazu, eine Reform und Erneuerung unserer Sprachkunst zu entwerfen. So entsteht die Pleiade, die auch ein weiterer Dichter von der Loire aufgreift: Joachim Du Bellay mit seinem Werk „Défense et illustration de la langue française". Unbestrittener Meister der Pleiade aber wird Ronsard. Die Hymne, die große Ode nach dem Vorbild Petrarcas, das unvollendete Epos „La Franciade", zeigen seine Begabung. Aber vor allem seine gefühlvollen Werke wie „Die Lieben der Cas-

Die Kunst des Wortes scheint durch den Zauber
der Landschaft beflügelt zu werden. Zumindest auf das
Tal der Loire trifft diese Weisheit zu. Im Laufe
der Jahrhunderte wurde es zum Nährboden zahlloser
Dichterfürsten, die auch heute noch unvergessen sind.

sandra", die „Sonette an Marie" und „Sonette an Hélène" bezeugen seine Bindung an die heimische Landschaft, seine Liebe zu Frauen und – als Höfling, der er ist, – seine Vorliebe für das Bukolische. Drei Orte haben sein Andenken bewahrt. Der erste ist das Schloß La Possonnière nahe der Ortschaft Couture, wo er 1524 geboren wurde. Die leuchtende Fassade, geschmückt mit in den Stein gehauenen Lehrsprüchen, am Abhang eines Hügels gelegen, überragt den Flußlauf des Loir, der sich tief unten im Tal dahinschlängelt. Ronsard liebte es, hier zu baden und zu träumen, wenn er im dichten Gras auf der Insel Verte lag, die er in seinen Versen besungen hat. In dieser Umgebung voll Stille und Schönheit verlebte er seine Kindheit.

Wir begegnen ihm wieder in Talcy, wo Cassandra Salviati lebte, seine erste Muse, die er nie vergaß. Sie war eine Schönheit von 15 Jahren, Tochter eines reichen Florentiner Bankiers, eines Cousins der Medici, der gute Geschäftsbeziehungen zum König von Frankreich unterhielt. Das Schloß Talcy mit seinem viereckigen Bergfried, hinter dessen hohen, abweisenden Mauern sich ein Schloßhof verbirgt, war wie geschaffen, um darin von Liebe zu sprechen: ein alter Brunnen, den eine schuppenförmige Kuppel überwölbt, eine geschlossene Arkadengalerie, ein Taubenschlag, eine Kelter und ein Garten, in dem vielleicht der Dichter seine zärtliche Aufforderung an die Geliebte sprach: *Cueillez, cueillez votre jeunesse . . .* (Pflücke, pflücke die Blüten der Jugend . . .) Aber Cassandra widerstand seiner Werbung, sie zog es vor, die Grausame zu spielen. Die Grausamkeit schöner Damen hat mindestens so viele poetische Ergüsse verursacht wie ihre Schönheit.

30 Jahre später hören dieselben Mauern wieder Liebesseufzer eines Dichters in der Blüte seines Lebens, der eine Schöne zu verführen sucht. Man schreibt die Zeit der Religionskriege. Ein Hugenotte steht verwundet und blutend vor dem Schloßtor. Der berühmte Arzt Ambroise Paré operiert ihn in der großen Küche vor den Bratrosten. Es ist Theodore Argippa d'Aubigné. Viele Jahre später veröffentlicht er eines der schönsten französischen Gedichte: „Les Tragiques". Die Schöne ist niemand anders als Diane Salviati, die Nichte der Cassandra. Eine Zeitlang läßt sie sich den Hof machen – dann ist es vorbei. Er ist ihr zu arm, dieser Dichter und Soldat, und er gehört der gegnerischen Seite an. In dem Kloster Saint-Cosme-en-l'Isle, dessen Prior er seit seinem vierzigsten Lebensjahr war, starb er und wurde unter einer Steinplatte in der Kapelle bestattet. In der Stunde seines Todes diktierte er einem der Mönche, die

bei ihm wachten, sein letztes Sonett: *Adieu, chers compagnons, adieu, mes chers amis, / Je m'en vais le premier vous préparer la place . . .* (Lebt wohl, ihr Gefährten, lebt wohl, meine Freunde / Ich gehe als erster, den Platz euch bereiten . . .)

Die große Persönlichkeit Ronsards verdeckt ein wenig das stillere Wesen seines treuen Gefährten Joachim Du Bellay. Seine Jugendjahre verstreichen in der Einsamkeit von Liré, auf einem Hügel über der Loire. Später folgt er seinem Onkel, dem Kardinal Jean Du Bellay, nach Rom. Aber weder das Andenken der Cäsaren noch die Pracht des Vatikans lassen ihn den Kirchturm seines kleinen Dorfes vergessen, den väterlichen Fluß *(fleuve paternel)* und die Lieblichkeit des Anjou *(douceur angevine)*. Er erinnert sich ihrer in seinem Sonett „Regrets".

In den folgenden Jahrhunderten haben viele Dichter den Zauber der Loire gepriesen. Die meisten wurden nicht an ihren Ufern geboren, sie entdeckten erst bei einem Besuch ihren verführerischen Reiz. Honoré de Balzac liebt die „milde Touraine, deren Gesicht sich unablässig wandelt, die ohne Unterlaß von den tausend Zufälligkeiten des Tages, des Himmels und der Jahreszeit verjüngt wird". Seine frühen Romane spielen in Tours und Umgebung: „Der Pfarrer von Tours", der „Ruhmreiche Gaudissart", die „Frau von Dreißig", „Die Lilie im Tal". Das Bild der Loire, das er uns überliefert, ist wahrhaft das eines Dichters! Auch Alfred de Vigny, der große Romantiker, besingt auf den ersten Seiten seines historischen Romans „Cinq-Mars" unseren Strom.

Charles Péguy stammt aus einer Familie kleiner Handwerker. Die Großmutter war Stuhlflechterin in einer Vorstadt von Orléans. Er hatte die Leidenschaft eines Kreuzfahrers und wurde einer unserer bedeutendsten Dichter. Als ihn 1914, bei einem der ersten Gefechte des Weltkriegs, ein Kopfschuß tötete, hatte er bereits ein Werk veröffentlicht, dessen Ausstrahlung auch heute nicht verblaßt ist. Der Dichter der „Jeanne d'Arc" und der „Jungfrau von Chartres" war vom Geist des Mittelalters erfüllt, setzte der Loire, der „blonden Loire", wie er sie einmal nannte, ein Denkmal in seinem Werk.

In der französischen Literatur der Gegenwart gibt es zwei herausragende Namen von Schriftstellern, in deren Werk das Land an der Loire eine bedeutende Rolle spielt: Hervé Bazin, der auch ein Autor dieses Heftes ist (s. Seite 41), und Maurice Genevoix, dessen Hauptthemen die Natur und der Umgang des Menschen mit ihr sind. □

(Fortsetzung von Seite 108) — Nach Krieg und Gefangenschaft wurde er Redakteur in Essen und ging 1951 für den damaligen NWDR und mehrere Tageszeitungen nach Paris. Nur von einer knapp dreijährigen Tätigkeit in Bonn unterbrochen, wo er das Fernsehstudio der ARD aufbaute und den „Bericht aus Bonn" begründete, verfolgt er seit dieser Zeit die Entwicklung Frankreichs. Er arbeitete als Pariser Korrespondent für den Hörfunk, für „Die Welt", „Die Zeit" und seit 1969 für das ARD-Fernsehen, dessen Frankreich-Studio er bis 1978 leitete. Jetzt lebt er als freier Publizist in Sèvres bei Paris und kommentiert für Zeitschriften, Zeitungen und Hörfunk. Veröffentlichungen: „De Gaulle sieht Europa" (1966); demnächst „Kleine Nachkriegsgeschichte Frankreichs".

Bücher zum Thema Eine Auswahl

Alewyn, Richard / Sälzle, Karl: Das große Welttheater. Die Epoche der höfischen Feste in Dokument und Deutung, rowohlts deutsche enzyklopädie 92, Hamburg 1959.

Baedekers Autoreiseführer: Frankreich von Flandern bis Korsika, Baedekers Autoführer-Verlag Stuttgart, 10. Aufl. 1978, 464 S., 32 Karten u. Pläne, 59 Zeichnungen, Gb 35,– DM.

Berlitz-Reiseführer: Tal der Loire, Editions Berlitz, Lausanne 1977, 129., Farbfotos, Kt 6,80 DM.

Champigneulle, Bernard: Loire-Schlösser, übers. v. H. Klemke, Prestel Verlag München, 5. Aufl. 1977, 314 S., 4 Farbtaf., 55 schwarzw. Fotos, 1 Kupferstich, 1 Karte, Ln 28,50 DM.

Delpal, Jacques-Louis: Loire-Tal für Sie, übers. v. L. Graf von Schönfeldt, Hieronimi, Bonn 1976, 256 S., 90 Farbfotos, 12 farb. Karten, Lw 39,80 DM.

Fénelon, Paul: Les pays de la Loire, atlas et géographie de la France moderne, Flammarion, Paris 1978, 503 S., zahlreiche Abb., Pläne u. teils farb. Fotos.

Genevoix, Maurice: Meine geliebten Loire-Schlösser, Fotos v. Léo Pélissier, deutsch v. W. Sonntag, Verlag der Europäischen Bücherei H. M. Hieronimi, Bonn 1978, 148 S., 132 S. meist schwarzw. Fotos, Ln 50,– DM.

Gibbs-Smith, Charles: Die Erfindungen von Leonardo da Vinci, übers. v. H. Jerratsch, Belser Verlag, Stuttgart/Zürich 1978, 122 S., 146 Abb., Pb 24,80 DM.

Grieben-Reiseführer: Loiretal/Aquitanien/Atlantikküste, Verlag Karl Thiemig, München 1979, 188 S., Pläne, 1 Übersichtskarte, Kt 9,80 DM.

Guide Bleu: Val de Loire, Maine-Orléanais-Touraine-Anjou, Librairie Hachette, Paris 1970, 629 S., farb. Stadtpläne, Lin 62,– F.

Hansmann, Wilfried: Das Tal der Loire, Schlösser, Kirchen und Städte im Garten Frankreichs, DuMont Kunst-Reiseführer, Köln 3. Aufl. 1977, 280 S., 181 teils farb. Fotos, Pläne, Kt 24,80 DM. Ein sehr guter Kunstführer.

Kreft, Herbert / Müller-Marein, Josef / Domke, Helmut: Schlösser an der Loire, Verlag EW Niemeyer Hameln, 2. Aufl. 1967, 188 S., 142 schwarzw. Fotos, Ln 49,80 DM.

Krüger, Horst: Poetische Erdkunde, Reise-Erzählungen, Hoffmann und Campe, Hamburg 1978, 312 S., Lin 24,– DM.

Levron, Jacques / Mayer, Fred: Die schönsten Schlösser an der Loire, Silva-Verlag, Zürich 1977, zahlr. meist farb. Fotos, Lin 16,– F.

La Loire et ses poètes, hrsg. v. André Bourin, C. L. D., Chambray-les-Tours 1978, 240 S., illustr., 195,– F.

Lucie-Smith, Edward: Johanna von Orléans — Eine Biographie, übers. v. H. Werner, Claasen Verlag, Düsseldorf 1977, 380 S., 16 S. schwarzw. Fotos, Lin 36,– DM.

Merveilles des châteaux du Val de Loire, Librairie Hachette, Paris 1964, 282 S., 1 Karte, zahlr. farb. u. schwarzw. Fotos, Ln 200,– F.

Michelin-Hotelführer 1979: France, Pneu Michelin Paris, erscheint jährlich, 1201 S., zahlr. Stadtpläne, Gb 27,– DM. Mit Erläuterungen für deutsche Benutzer.

Michelin-Reiseführer: Schlösser an der Loire, Michelin-Reifenwerke Karlsruhe, 4. Aufl. 1975, 96 S., zahlr. Pläne und Zeichnungen, Kt 13,– DM. Ein sehr guter Reiseführer.

Müller-Marein, Josef / Krahmer, Catherine: 25mal Frankreich, R. Piper & Co. Verlag, München/Zürich 1977, 536 S., 17 schwarzw. Fotos, Lin 29,80 DM.

Nette, Herbert: Jeanne d'Arc, rororo bildmonographien 253, Reinbek bei Hamburg 1977, 158 S., zahlr. schwarzw. Abb., 6,80 DM.

Polyglott-Reiseführer: Tal der Loire, Polyglott Verlag / München, 8. Aufl. 1977/78, 64 S., Zeichnungen u. Pläne, Kt 4,80 DM.

Der Prozeß Jeanne d'Arc, Akten und Protokolle 1431 · 1456, übers. u. hrsg. v. R. Schirmer-Imhoff, dtv-dokumente 2909, München 3. Aufl. 1978, 232 S., Kt 6,80 DM.

Schreiber, Hermann: Loire, Träumereien an Frankreichs herschaftlichem Fluß, Stähle + Friedel, Stuttgart 1976, 248 S.

Sologne-Berry-Limousin, Text v. André Bourin, Fotos v. C. Rives u. a., Editions Sun, Paris 1976, 120 Farbfotos, Ln 70,80 F

Steinbach, Hartmut: Jeanne d'Arc, Wirklichkeit und Legende, Persönlichkeit und Geschichte 78, Musterschmidt, Göttingen 1973, 92 S., Kt 5,80 DM.

Vialar, Paul: La chasse, Flammarion, Paris 1973, 2 Bde. 536 + 537 S., zahlr. schwarzw. u. farb. Fotos, Ln 320,– F.

Karte: Angers-Orléans 1 : 200 000, Michelin Nr. 64, 4,20 DM.

Bemerkungen

Wir danken **Angelika Eggeling, Salzhausen,** für ihre freundliche Beratung. Die Beiträge von André Bourin, Chris Kutschera und Paul Maubec übersetzte **Brigitte Strunck, Hamburg,** den Text von Hervé Bazin **Margret Hofmann, Hamburg. Ursula Paulini und Gabriele Rusch, Brüssel,** übertrugen die Beiträge von Jacques-Louis Delpal und Paul Fénelon aus dem Französischen ins Deutsche. Die Karte auf Seite 34 zeichnete **Lothar Walter, Hamburg.** Die Abbildungen auf den Seiten 46–51 erhielten wir von der **Caisse Nationale des Monuments Historiques, Paris.** Peter Bellew, Park & Roche, St. Paul de Vence, danken wir für das von **Luc Joubert** fotografierte Gemälde auf Seite 86. Die Kupferstiche auf den Seiten 88 und 89 wurden aufgenommen von **Jörg P. Anders** und uns vom **Kupferstichkabinett, Staatliche Museen Preußischer Kulturbesitz, Berlin,** zur Verfügung gestellt. Die Fotos auf den Seiten 120 und 121 stammen von **Werner Neumeister** und **Siegfried Konnowski.**

MERIAN erscheint monatlich im Hoffmann und Campe Verlag, Harvestehuder Weg 45, 2000 Hamburg 13 / Tel. 4 41 88 (1) / FS 02 14 259 / Telefon-Nr. der Anzeigen-Abteilung: 2 71 71, Adresse der Anzeigen-Abteilung: Poßmoorweg 1, 2000 Hamburg 60, FS 02 12 214 — Zur Zeit gültige Anzeigenpreisliste Nr. 19 / Das vorliegende Heft Juli 1979 ist die 7. Nummer des 32. Jahrgangs / Nachdruck nur mit Zustimmung der Redaktion gestattet, alle Übersetzungsrechte bleiben vorbehalten, für unverlangte Einsendungen haftet die Redaktion nicht. – Bezug über den Buch- und Zeitschriftenhandel, die Postanstalten und den Verlag, der auch Liefermöglichkeiten im europäischen Ausland und in Übersee nachweist / Preis im Abonnement monatlich 6,– DM, zuzüglich 1,10 DM Versandkosten bei Zustellung frei Haus / Der Bezugspreis enthält 5,66 Prozent Mehrwertsteuer / Kündigungen sechs Wochen zum Quartalsende. – Printed in Germany. Gesamtherstellung: Richterdruck Würzburg.

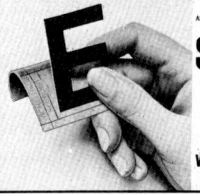

Wußten Sie, wo die Mühle von Max und Moritz steht?

Wußten Sie, daß der Kölner Dom eine Hausnummer hat? Haben Sie schon einmal das Grab des deutschen Michels oder des Jägers aus Kurpfalz besucht?

Dieses Reisebuch für Individualisten enthält originelle deutsche Sehenswürdigkeiten, die bisher in solcher Zusammenstellung in keinem Reiseführer zu finden sind. Über 300 Sehenswürdigkeiten, die man in normalen Reiseführern vergeblich sucht, finden Sie in diesem ebenso amüsanten wie informativen Buch. Jörg v. Uthmann ist viele tausend Kilometer gereist, um Deutschlands älteste Würstchenbude, die größte Tabakspfeife und die umfangreichste Eulensammlung aufzuspüren – nicht zu vergessen die einzige Bedürfnisanstalt der Welt, die unter Denkmalschutz steht. Wo die vielbesungene Frau Wirtin ihre Wirtschaft hatte, wo sich das Hornberger Schießen zutrug, wo der Schwarze Peter das nach ihm benannte Kartenspiel erfand und ein gewisser Haarmann mit dem Hackebeilchen seine Opfer zerlegte – all das erfahren Sie in diesem originellsten Reiseführer, der je über Deutschlands historisch-literarische Kuriositäten erschienen ist.

387 Seiten mit 120 Fotos und 2 Karten, gebunden
In jeder Buchhandlung

Aus dem Inhalt: Das Grab des Jägers aus Kurpfalz · die Mühle, in der Max und Moritz ihr Unwesen trieben · das silberne Bein des Prinzen von Homburg · die einzige Bedürfnisanstalt der Welt, die unter Denkmalschutz steht · wo Luther vergaß, seine Bratwürste zu bezahlen · das erste Fabrikgebäude im Barock-Stil · wo der „Lügenbaron" Hieronymus von Münchhausen zur Welt kam · der Turm, in dem der Schwarze Peter das nach ihm benannte Kartenspiel erfand · die Schere, mit der Goethes Gretchen sein Neugeborenes erstach · Folterkammern · Mordstellen · Spukhäuser · und weitere 300 ausgefallene Sehenswürdigkeiten in Deutschland.

Der Autor

Jörg von Uthmann, 1936 geboren, von Haus aus Jurist, gehört seit 1962 dem auswärtigen Dienst an. Nach Auslandsverwendungen in Tel Aviv, Saigon und bei den Vereinten Nationen ist er zur Zeit in der Kulturabteilung des Auswärtigen Amtes tätig. Sein 1976 veröffentlichtes Buch über die „Pathologie des deutsch-jüdischen Verhältnisses" (Doppelgänger, du bleicher Geselle) hat ihm von jüdischer Seite hohes Lob, von nichtjüdischer scharfe Ablehnung eingetragen.

Das Tal der Loire auf einen Blick

Allgemeines

Die Loire ist mit 1012 Kilometern der längste Fluß Frankreichs, von dessen Fläche sie ein Fünftel entwässert. Sie entspringt im südöstlichen Zentralmassiv, fließt zuerst nach Norden, beginnt bei Sancerre einen großen Bogen und wendet sich ab Orléans in südwestlicher, dann westlicher Richtung dem Meere zu, das sie bei St. Nazaire erreicht. Sie führt an der Mündung durchschnittlich 800 Kubikmeter Wasser pro Sekunde, das heißt etwas mehr als die Elbe mit 710 Kubikmetern pro Sekunde. Die jahreszeitlichen Schwankungen sind enorm. Man hat bei Orléans schon Werte zwischen 25 und 8000 Kubikmetern pro Sekunde gemessen. Überschwemmungen sind folglich nicht selten. Das vorliegende Heft behandelt das Tal der Loire von Sancerre bis kurz hinter Angers. Die wichtigsten Nebenflüsse in diesem Abschnitt sind der Cher, die Indre, die Vienne und die Maine mit dem Loir. Die Loire ist der einzige Fluß dieser Größe in West- und Mitteleuropa, der nicht kanalisiert, sondern weitgehend in natürlichem Zustand verblieben ist.

Die Loire fließt in diesem Bereich durch die Départements Loiret, Loir-et-Cher, Indre-et-Loire und Maine-et-Loire, die eine Fläche von 26 311 Quadratkilometern bedecken und wo etwas mehr als 1,5 Millionen Menschen leben. Die größten Städte sind Orléans (110 000 Einwohner), Tours (145 000) und Angers (143 000).

Klima

Da sich das Tal der Loire den aus Westen kommenden Winden des Atlantik öffnet, herrscht hier ein mildes Klima. Die mittleren Januartemperaturen liegen bei +4 Grad, die des Juli um 18 Grad. Trotz der Nähe des Meeres ist das Tal dank der niedrigen Lage (Angers 47 Meter, Orléans 110 Meter) nicht übermäßig regenreich. Die Niederschläge (um 600 Millimeter im Jahr) fallen vorwiegend im Frühjahr und Herbst.

Vegetation

Dank des Klimas hat das Loiretal eine Vegetation, die ihm die Bezeichnung „Garten Frankreichs" eingebracht hat. Sogar Mittelmeerpflanzen wie Palmen, Magnolien, Feigen und Maulbeerbäume gedeihen. Den Reichtum des Tals machen jedoch Wein, Obst und Frühgemüse aus. Auch Blumen wie Kamelien und Hortensien, die bei uns nur im Garten zu finden sind, gedeihen hier auf freiem Feld. Die Hügel entlang des Flusses sind reich an Wald. Besonders interessant ist die Wald- und Seenplatte der Sologne im Loire-Bogen.

Wirtschaft

Abgesehen von den kleineren Industriezentren von Orléans, Tours und Angers (Metallverarbeitung, Maschinen, Fahrzeuge, Elektrogeräte, Chemie) lebt das Loire-Tal von der Landwirtschaft und dem Fremdenverkehr. Wichtigste Produkte sind neben Wein, der auch zu Sekt verarbeitet wird, Obst (Birnen, Aprikosen, Pflaumen, Erdbeeren und vieles andere) sowie Gemüse (besonders Frühgemüse, Spargel, Artischocken) und Champignons.

Schlösser

Hauptattraktion an der Loire sind die Schlösser (über 100, etwa 40 davon sind besonders bekannt). Geübte Touristen können sechs pro Tag bewältigen. Genießer sollten versuchen, außerhalb der Saison im Mai, Juni oder September zu kommen, wenn die Parks und Gärten am schönsten sind und die Flüsse auch Wasser führen. Ein Teil der Schlösser, vor allem die privaten, sind im Winter geschlossen. Eine Spezialität französischer Schloßverwaltungen ist „Son et Lumière", ein Spektakel aus Licht- und Toneffekten, das dem Zuschauer Geschichte und Größe Frankreichs nahebringen soll. Die Vorführungen finden bei den größeren Schlössern im Sommer allabendlich statt. Neben den Schlössern sollte man aber die anderen sehenswerten Bauten nicht vernachlässigen. Dazu gehören insbesondere die Klöster von St.-Benoît und Fontevraud sowie die Kirchen von Germigny-des-Prés, St.-Aignan-sur-Cher und Cunault.

Wein

Die berühmtesten Weine des Anbaugebiets *Vallée de la Loire* (Anbaufläche 50 000 Hektar, Durchschnittsertrag vier Millionen Hektoliter pro Jahr, davon 24 Prozent Apellation d'Origine Contrôlée) stammen aus Pouilly-sur-Loire, Sancerre, Vouvray, Montlouis, Saumur, Angers und von den Coteaux du Layon (Weiß) sowie aus Chinon, Bourgueil und dem Anjou (Rot) und aus Chinon und dem Anjou (Rosé). Die wichtigsten Rebsorten sind Sauvignon blanc, Chasselas, Chenin blanc, Gamay, Côt (Malbec), Groslot, Cabernet franc und Muscadet.

Küche

Wer sich in der französischen Speisekarte nicht auskennt, kann sich getrost dem Geschmack der ländlichen Köche anvertrauen. Die Tagesmenus, meist in mehreren Preisklassen angeboten, bieten einen gut zusammengestellten Querschnitt. Sie sind zudem, auch wenn sie nicht *menu touristique* heißen, billiger (oft beträchtlich) als das Essen à la carte, obwohl es sich um die gleichen Speisen handelt. Spezialitäten sind Huhn, Wild, Flußfische, Gemüse und Ziegenkäse, als Nachtisch Obsttörtchen und Liköre.

Unterkunft

Das Tal der Loire ist touristisch voll erschlossen. Es gibt Hotels aller Kategorien. Während der Ferien im Juli und August empfiehlt sich — besonders für Wochenenden — eine vorherige Reservierung. Wer keine allzu hohen Ansprüche stellt, kann in kleineren Städten preiswert übernachten. Auch Campingplätze sind zahlreich vorhanden. Die Preise für eine Nacht im Hotel (1979) reichen von etwa 30 bis 90 Franc, in Luxushotels bis 300. Dabei haben auch sogenannte Einzelzimmer in aller Regel das berühmte französische Doppelbett. Ältere, durchgelegene Exemplare haben die Tendenz, die Schläfer in der Mitte der Matratze zu vereinen. In jedem Fall gilt der Preis pro Zimmer, nicht pro Person. Das Frühstück ist meist nicht inbegriffen. Das Abendessen kostet etwa soviel wie das Zimmer, pro Person allerdings und ohne Wein.

Anreise

Wegen der Besonderheiten des französischen Verkehrsnetzes, dessen Querverbindungen nicht überall gut entwickelt sind, empfiehlt sich von Mitteleuropa aus die Anreise über Paris, einerlei ob mit dem Auto, der Eisenbahn oder dem Flugzeug. Züge fahren nach Orléans (ab Gare d'Austerlitz), über Le Mans nach Angers (ab Gare Montparnasse) und das Loire-Tal entlang. Autofahrer benützen die Autobahn A 10 (Paris–Orléans–Tours) oder die A 11 bis Le Mans und die Nationalstraße N 23 bis Angers.

Formalitäten

Zur Einreise genügt der Personalausweis. Devisenbeschränkungen bestehen nicht. Eurocheques in DM werden von größeren Banken gegen Vorlage des Ausweises eingelöst. Der französische Franc stand Mitte 1979 auf 0,43 DM.

Auskünfte

Amtliches Französisches Verkehrsbüro, Westendstraße 37, 6000 Frankfurt/Main, Telefon (06 11) 75 20 29. Die örtlichen Verkehrsbüros in Frankreich heißen *Syndicat d'Initiative*.

Wölfe in Silber und Gold

Man muß Sinn haben für Ausgefallenes und darf auch nicht in Eile sein, dann kommt man im Internationalen Jagdmuseum in Gien auf seine Kosten. Besonders für „Knopfjäger" gibt es dort einen wahren Augenschmaus: Tausende von Knöpfen mit den verschiedensten Motiven aus der Jagd.

Man stelle sich einen etwa 30 Quadratmeter großen Raum vor mit Vitrinen, die ringsum an den Wänden aufgestellt sind. Darin Knöpfe, dicht an dicht, goldene, silberne, blanke, stumpfe. Mit Jagdmotiven: Hunden, Hirschen, Hasen, Wildschweinen, Wölfen und anderem Zierat. Die meisten dieser geprägten oder ziselierten Knöpfe sind kleine Meisterwerke.

Wir befinden uns im *Musée International de la Chasse*, das seit 1952 im Schloß von Gien untergebracht ist. Es ist kein naturgeschichtliches Museum mit ausgestopften Tieren, sondern ein Museum der Jagdkünste und -techniken mit einer umfangreichen Kollektion von Waffen und Jagdhörnern, mit Kupferstichen, Tapisserien, Trophäen, Gemälden und Fayencen. 1972 kam die Sammlung von Knöpfen mit Motiven aus der Jagd hinzu. In ihrer Art zählt sie zu den größten der Welt; 1937 wurde sie auf der „Internationalen Jagdausstellung" in Berlin gezeigt.

Früher kleideten sich Parforcejäger nach ihrem persönlichen Geschmack. Es gab keine besonderen Vorschriften. Oft trugen sie Kostüme, die aus Militäruniformen zusammengestellt waren. Erst als Ludwig XIV. sich speziell für die Jagd etwas schneidern ließ, wurde es anders. Dieses Jagdkostüm war aus blauem Tuch und mit schönen Knöpfen verziert. Die Ärmel hatten dunkelrote Aufschläge.

Binnen kurzem kleideten sich Herzöge, Grafen und hochgestellte Beamte des Hofes auf die gleiche Art, wenn sie zum Jagen aufbrachen. Allerdings hielten sie sich nicht streng an die Farben, sondern wählten oft grelle Töne, um während der Jagd auch von weitem erkannt zu werden. Auf die Knöpfe ihres Rocks legten auch sie besonderen Wert, ja, sie setzten ihren ganzen Ehrgeiz ein und scheuten keine Kosten, um sich mit den schönsten zu schmücken. Einer wollte den anderen übertreffen. Heute ist der Schnitt der Jagdkostüme individuell verschieden (siehe auch Seite 26—31).

Der älteste Jagdknopf im Internationalen Jagdmuseum in Gien stammt aus der Zeit des Sonnenkönigs (1643—1715) und ist in der Vitrine Nr. 19, Rahmen IV, ausgestellt. Vermutlich war Ludwig XIV. der erste, der auf den Knöpfen seines Jagdkostüms das Tier darstellen ließ, das er jagen wollte. Nach und nach gingen die meisten Jagdgesellschaften im Lande ebenfalls dazu über. Später kamen als Zierat noch andere Jagdsymbole hinzu.

Wer mit derlei Dingen nicht viel im Sinn hat, für den gibt es, wie bereits erwähnt, genug anderes zu sehen und zu lesen aus der Geschichte der Jagd: daß zum Beispiel Karl V. an einem Tag 345 Tiere erlegte und der Comte Clary es in 47 Jahren auf 316 160 Stück Wild brachte oder daß Ludwig XIV. die besten Hündinnen seiner Meute und die schönsten Beutetiere von François Desportes (1661 bis 1743) malen ließ. Von diesem Künstler, der als der bedeutendste französische Tiermaler angesehen wird, sind in den zum Teil sehr schönen Sälen des Schlosses allein rund 90 Gemälde und Studien ausgestellt. **Chris Kutschera**

Fotos: Achim Sperber

Renaissance-Maschinerie

Nur wenige Schritte außerhalb der Stadt Amboise liegt der Herrensitz Clos-Lucé, den sich Ende des 15. Jahrhunderts der Haushofmeister Ludwigs XI., Étienne Le Loup, erbauen ließ. 1516 richtete hier Leonardo da Vinci auf Einladung Franz' I. seine letzte Heimstatt ein. Im Innern zeigt man das Zimmer, in dem der Meister — angeblich in den Armen seines Fürsten — am 2. Mai 1519 gestorben ist. Der Künstler-Wissenschaftler-Ingenieur Leonardo plante den Wiederaufbau des Schlosses Amboise, war vermutlich auch am Bau von Chambord beteiligt und riet, die großen Schlösser durch ein Netz von Kanälen miteinander zu verbinden.

Leonardo pflegte seine Gedanken auf die Seiten seiner Notizbücher zu skizzieren, wie sie ihm gerade einfielen. Zeichnungen von Pflanzen, Kriegsmaschinen oder geometrischen Figuren stehen neben Eintragungen über die fällige Miete oder über Malerei. Diese Notizen und Manuskripte hinterließ er seinem Freund und Schüler Francesco Melzi, der sie seinem Sohn Orazio testamentarisch vermachte. Orazio Melzi gestattete es, daß diese unschätzbare Dokumentensammlung in alle Himmelsrichtungen verstreut wurde. Dennoch geben die uns überlieferten Schriften hinreichend Kenntnis von dem Erfindungsreichtum Leonardos. Seine Zeichnungen zeigen neue Waffentypen, Entwürfe für mechanische Vorrichtungen aller möglichen Arbeiten unter dem Einsatz von Getrieben, Nocken, Zahnrädern, Flaschenzügen, Kurbeln und Zahngesperren. Als Energie bediente er sich der Wind- und Muskelkraft, des Federantriebs und des Schwungrades.

Seine Ideen müssen seinen Zeitgenossen völlig utopisch erschienen sein. Doch mit fortschreitender Technisierung konnten sie verwirklicht werden.

Einige seiner Vorschläge wurden in Modellform von der Gesellschaft IBM, dem weltgrößten Konzern für Büromaschinen und Computer, nachgebaut, um ihre Funktionsfähigkeit unter Beweis zu stellen. So kann man im Souterrain des Schlosses unter anderem einen Entfernungsmesser, den **Prototyp eines von Schaufelrädern angetriebenen Schiffes (Foto)**, eine Maschine zum Entladen von Schiffen, eine mechanisierte Trommel, Flugobjekte und einen von Wasserkraft getriebenen Ventilator besichtigen.

Gaumenfreuden für Genießer

Wer von Schloßbesichtigungen erschöpft ist, kann sich im Loire-Tal mit vielen lukullischen Genüssen stärken. Für Fischliebhaber gibt es Hecht, Karpfen, Zander, Brasse, Maifisch und Aal direkt aus der Loire. Der obligate Lachs wird allerdings meist aus Schottland eingeflogen. *Brochet rôti* (gebratener Hecht) ist eine Spezialität vor allem der Sologne. Ebenso zu empfehlen sind *carpe marinière* (gefüllter Karpfen in Weißwein), *aloses de Loire grillées* (gegrillte Alsen oder Maifische) in der Touraine und *matelote d'anguilles de Loire au vin vieux* (Aal nach Matrosenart mit scharfer Weinsauce) im Anjou. Pastetenliebhaber müssen sich zwischen *terrine de grives* (Krammetsvögelpastete) aus Gien, Lerchenpastete oder warmer Champignonpastete entscheiden. Ausgezeichnet sind die *andouillet-tes* (kleine Würste aus Kaldaunen, Schweinefleisch und Speck) aus Jargeau, Tours, Vouvray und Cormery, *filets de lapereau* (Kaninchenfilets), ebenfalls aus Vouvray, sowie *coq au sang* (ein am Spieß gebratenes Hähnchen). Gaumenfreuden sind auch die verschiedenen Käsesorten: *chèvre* (Ziegenkäse) aus Vendôme, Villebaron, Ligueil, Loches und Sainte-Maure, der *frinot* (Käse aus Kuhmilch) aus Olivet sowie der *Crottin de Chavignol*. Man findet sie überall in den Feinkostläden und in vielen Restaurants.

Und wer auf süße Schleckereien nicht verzichten kann, der sollte einmal die *croquets* (Honigkuchen) aus Sully, den Schokoladenkuchen von Blois, Makronen aus Cormery oder die feinen Liköre aus Saumur und Angers probieren. Auch die eingemachten Früchte sind nicht zu verachten.

Fêtes musicales en Touraine in der Scheune von Meslay

1964 hat eine Liebe auf den ersten Blick eine Einrichtung geschaffen, die mittlerweile zur Tradition geworden ist, die kein Musikfreund mehr missen möchte: die Musikwochen in der Touraine. An Schlössern und historischen Sälen fehlt es in diesem Land ja wirklich nicht. Aber der Pianist Svjatoslav Richter war nicht so leicht zufriedenzustellen. Spielen wollte er schon in dieser harmonischen Landschaft, aber es mußte ein besonderer Einklang bestehen zwischen ihm und der Stätte seines Auftretens.

Als unermüdlicher Tourist hatte er alle Loire-Schlösser

besucht, ganz ohne Hintergedanken; er bewunderte sie wie so ziemlich jeder Besucher, aber es sprang kein Funke über. Bis zu dem Tag, an dem ihm Freunde die Scheune von Meslay zeigten, eine zünftige, weit ausladende Halle, in der sich Reisigbündel, landwirtschaftliche Maschinen und Heuballen breitmachen. Aber was für ein Wunderwerk war das! Sie wurde 1220 auf Geheiß des Abts von Marmoutier gebaut, mißt 60 auf 25 Meter und prunkt in aller Bescheidenheit mit einem romanischen Tor. Und erst der Innenraum: Fünf Schiffe mit dreizehn Querbalken bilden ein Gerüst aus Kastanienholz, dem gewaltige Pfeiler aus Eichen-Kernholz Stütze und Halt verleihen. Ein Wald von Balken und darin eine Akustik, als befände sich der Musiker im Resonanzkörper einer gewaltigen Geige.

Von dieser Scheune, auf französisch „la Grange", kam Richter nicht mehr los. Daß eine verschlafene Eule seinen Proben und Konzerten beiwohnt, stört ihn nicht – im Gegenteil, er hat strenge Anweisungen erteilt, den Vogel nicht zu belästigen.

Seither wird Jahr für Jahr im Juni/Juli die Scheune ausgeräumt, die Staubsauger machen sich ans Werk, und wenn alles fein sauber gefegt ist und nur noch der würzige Duft von Holz, Erde und Heu im Raum steht, halten 1200 Stühle und ein Steinway ihren Einzug. „Die Zartheit des Himmels, die Pastellfarben der Landschaft, die Sprache der Schlösser, deren Steine der Geschichte neues Leben einhauchen, die Feinfühligkeit und Lebensart der Menschen - das alles hat mich bezaubert." Und nachdenklich fügt Richter hinzu, während seine Hand über einen Holzpfeiler streicht: „Nie wieder werde ich in einem Marmorpalast spielen."

Und so kommt er jedes Jahr wieder, denn „ein Konzert in Meslay bedeutet mehr als nur Musik". (Auskunft beim Office de Tourisme, Place Gare, F 3700 Tours.) **Gertrud Strub**

Am Ausgang von Gien stößt der Reisende auf die 1821 gegründete Fayencemanufaktur. In dem ehemaligen Klostergebäude arbeiten heute 800 Personen an der Herstellung von Gien-Fayencen und -Kacheln. Die Ausstellungsräume stehen jedermann offen. Auf Wunsch kann man ein kleines Museum besichtigen, in dem besonders ausgefallene Stücke zu sehen sind. Echte Fayence aus Gien erkennt man an ihrem Markenzeichen (unten)

Körbe aus Weiden

Hübsche Mitbringsel findet man in dem kleinen Dörfchen Villaines-les-Roches, südwestlich von Saché. Hier ist die handwerkliche Tradition der Korbflechterei noch ungebrochen. Die einzelnen Werkstätten, in denen die Weidenzweige zu Körben, leichten Möbeln und anderen Gegenständen verarbeitet werden, befinden sich in den zahlreichen Höhlenwohnungen. Die Ausstellungs- und Verkaufsräume sind täglich von 9 bis 12 Uhr und von 14 bis 19 Uhr geöffnet.

Meisterstücke

Ein ungewöhnliches Museum findet man in Tours. In der Rue Nationale 8 werden im Musée du Compagnonnage, dem Museum der Gesellenbruderschaften, die Meisterstücke der Handwerksgesellen gezeigt. Die Ausstellungsstücke stellen die längst vergessene Kunst der Nagelschmiede, Ofensetzer und Leineweber ebenso unter Beweis wie die der Maurer, Tischler, Schuhmacher, und anderer Handwerker. Im Compagnonnage, einer früheren Geheimgesellschaft, die als Vorläufer der Zünfte anzusehen ist, sind zur Zeit viele Tausende von Handwerkern vereinigt. Das Museum enthält auch eine ausführliche Dokumentation über diese Interessengemeinschaft. (Von April bis November täglich außer Dienstag und an Feiertagen von 10 bis 12 und 14 bis 18 Uhr geöffnet.)

Bett im voraus

Es empfiehlt sich natürlich immer, schon vor Antritt der Reise dafür zu sorgen, daß man am Abend ein leeres Hotelbett vorfindet. Besonders zu Ostern, Pfingsten und vom 10. Juli bis zum 1. September ist das Loire-Tal ausgebucht. Wer sich außerhalb dieser Zeiten erst an Ort und Stelle um eine Schlafstelle bemühen will, kann sich an die Verkehrsvereine (Syndicats d'Initiative) wenden, die in jedem Ort vertreten sind. Sie vermitteln Hotelunterkünfte nicht nur im eigenen Ort, sondern buchen für Sie in den folgenden Orten, die auf Ihrem Reiseplan stehen. Dafür wird eine geringe Gebühr sowie eine Anzahlung verlangt und im betreffenden Hotel verrechnet.

662 Meter lang, 11,50 Meter breit und, mit 30-Meter-Bogenöffnungen, von enormen Proportionen erstreckt sich bei Briare die Kanal-Brücke über die Loire. Das von Eiffel gebaute und 1896 vollendete Bauwerk ermöglicht es den Schiffen, in etwa acht Meter Höhe über den Fluß hinwegzufahren. Aber auch der Spaziergänger kann sich dieser Wasserbrücke trockenen Fußes bedienen

Fotos: Sperber (2); Knecht; IBM

Hohe Schule in der Manege der Götter

Schon auf den Ortsschildern kündigt sich Saumur als Stadt der Reitkunst an: Sie zeigen einen Reiter des *Cadre Noir* in der *Courbette* (Sprung der Hohen Schule), die an die ebenfalls weltbekannte Spanische Reitschule in Wien erinnert. Doch Tradition und Aufgaben in Saumur sind ganz andere.

Der *Cadre Noir* geht indirekt auf die Schlacht bei Roßbach (1757) im Siebenjährigen Krieg zurück. Die preußische Kavallerie war unter General von Seydlitz mit einer Attacke „wie eine von Säbeln starrende Mauer" in die französischen Schwadronen eingedrungen. Dieser Reiterkampf wurde zu einer Sternstunde für die Reiterei: Auf der Grundlage des bisher nahezu ausschließlich geübten Schulreitens, das den Reiter mehr zum Einzelkämpfer formte, bildete man die Kavalleristen zur schnellen Bewegung im Gelände aus.

In Frankreich begünstigte die Marquise de Pompadour die Gründung von Militär-Reitschulen; eine nahm 1768 ihren Betrieb in Saumur auf. Die ersten Reiter in den neuen, noch heute stehenden Gebäuden waren die Carabiniers de Monsieur, eine Elitetruppe. Nach vorübergehender Schließung wurde die Schule 1815 wieder eröffnet. Man kaufte englische und irische Pferde, dazu englische Sättel: Englisches Jagdreiten war Leitbild. Die zivilen Bereiter, die eine Lehrfunktion ausübten, wurden nach und nach durch Offiziere ersetzt. Sie erhielten schwarze Uniformen. So entstand um 1840 der *Cadre Noir,* eine Art Lehrkörper innerhalb der Schule. Er trat öfter mit einem *Carrousel* (Vorführung) vor die Öffentlichkeit.

Der *Cadre Noir* genießt in der Welt der Reiterei höchstes Ansehen. Seine Reithalle wird noch heute ehrfürchtig „Manège des Dieux" genannt. Während die Spanische Reitschule in Wien seit ihrer Gründung die Pferde ausschließlich für repräsentative Vorführungen trainierte, war Saumur die zentrale Ausbildungsstätte der französischen Armee. In den Ställen am Rande der Altstadt standen bis zu 600 Pferde.

Zwischen den Weltkriegen erlebte Saumur eine letzte Blütezeit. So gewannen die Dressurreiter bei den Olympischen Spielen 1932 in Los Angeles die Goldmedaille in der Einzel- und Mannschaftswertung; 1936 in Berlin erhielt die Dressur-Equipe Silber.

Nach Erzählungen ehemaliger Reitschüler war die Stadt an der Loire ein rechtes Garnisons-Idyll. Im Hotel „Budan" trafen sich die Eltern mit ihren Söhnen, die zu Lehrgängen kommandiert waren. Hier saßen auch die Pferdezüchter des Anjou, wenn in Saumur eine Zuchtschau war, und auch heute ist das „Budan" ein Reiter-Treffpunkt.

Die Motorisierung der Armee brachte dem *Cadre Noir* Existenzsorgen. Nach langen Differenzen zwischen militärischen und zivilen Stellen gibt es jetzt aber klare Richtlinien. In Terrefort bei Saumur hat die Nationale Reitschule (E.N.E.) die neuen Stall- und Reitanlagen bezogen, die sich durch eine großzügige, der Landschaft angepaßte Architektur und durch völlig neue Methoden in der Haltung, Fütterung und Pflege der Pferde auszeichnen. Hier werden die Sportreiter für internationale Wettbewerbe und Lehrkräfte ausgebildet. Der *Cadre Noir,* dem außer von der Armee abkommandierte Sportreiter auch zivile Reiter angehören, ist der auf Tradition bedachte Teil dieser Schule. Er tritt sowohl im Ausland als auch in Saumur auf. (Auskunft erteilt das „Office du Tourisme", 25 Rue Baurepaire, F-49900 Saumur).

Die Vorführungen, eingeleitet mit der Marschmusik aus Meyerbeers „Prophet", gliedern sich in die *Reprise des Ecuyers* (Schule auf der Erde)

Wenn der „Cadre Noir", Frankreichs Elitereiter, in Saumur oder auch im Ausland seine Hohe Schule vorführt (Fotos), sind die Eintrittskarten ausverkauft. Die eleganten Reiter und rassigen Pferde sind in der hippologischen Welt eine Institution, die der Spanischen Reitschule in Wien durchaus ebenbürtig ist

und die *Reprise des Sauteurs* (Schule über der Erde) — Begriffe aus der Hohen Schule, die auch in Wien gelten. Zur ersten Reprise zählen Figuren wie Schulschritt, Seitengänge, *Piaffe, Passage, Pirouette* und andere; in der zweiten vollführen die Reiter Schulsprünge wie *Capriole, Courbette, Croupade.* Diese Darbietungen verkörpern in edelster Form die „reiterliche Philosophie" der Franzosen in der Vergangenheit und Gegenwart. Sie unterscheidet sich von der Spanischen Reitschule in Feinheiten. Während die Lipizzaner eher wie barocke Marmorskulpturen wirken, sind die *Selle français*-Pferde und Anglo-Araber von Saumur mehr rassig-nervös. Die Reiter tragen den Zweispitz, die schwarze Galauniform wirkt in ihrem einfachen Schnitt sehr elegant.

Auf den Besucher von Saumur wartet im alten Schloß der Grafen von Anjou, dem Château d'Amour, eine wei-

tere hippologische Kostbarkeit: das wohl reichhaltigste Pferdemuseum der Welt. Es ist eine anschauliche Sammlung, die für Naturwissenschaftler, Handwerker, Künstler und Historiker ebenso faszinierend ist wie für Reiter und Pferdefreunde.

Ergänzt durch Knochenfunde und Skelette, läßt sich die Entwicklung des Pferdes vom fuchsgroßen Mehrzeher vor 60 Millionen Jahren bis zum siegreichen englischen Vollblüter „Flying Fox" verfolgen. Zaumzeuge, Sättel, Geschirre und alles, was zum Reiten und Fahren gehört, sind in historischer Folge geordnet, und zwar aus verschiedenen Ländern und Kontinenten: Japan, China, dem Orient, der Mongolei, Afrika, Nord- und Südamerika. Auch die Pferdekultur der Griechen und Römer ist reich vertreten.

Vor allen Dingen jedoch wird die Geschichte des *Cadre Noir* in allen Einzelheiten dargestellt. **Fritz Roth**

Geschichte

Amboise: Die Stadt (11 000 Einw.) in der Touraine ist eine Gründung der Spätantike und war wegen ihrer Loire-Brücke von strategischer Bedeutung. Sie fiel 1431/46 an die Krone und war im 15. und 16. Jh. häufig königliche Residenz. Von der ehemals weitläufigen Schloßanlage sind das Logis du Roi (15. Jh.) mit zwei Türmen und die gotische Hubertuskapelle erhalten. Die Grundstruktur der Kirche St. Denis stammt aus dem 12., das Rathaus aus dem 16. Jh. Hinter dem Schloß liegt der Herrensitz **Clos-Lucé**, wo Leonardo da Vinci 1516—19 seinen Lebensabend verbrachte. (G IV, S. 14, 60, 118)

Angers: Der ehemalige Hauptort der gallischen Andegavi, heute Hauptstadt (143 000 Einw.) des Départements Maine-et-Loire, verdankt seinen Aufstieg seit dem 10. Jh. den Grafen von Anjou. Das angevinische Reich der Plantagenêts (ab 1154) reichte von der schottischen Grenze bis zu den Pyrenäen. Das zweite Haus Anjou, eine kapetingische Nebenlinie, herrschte über die Provence, Sizilien, Neapel, Ungarn und Polen. Das Schloß von Angers mit seinen 17 Türmen stammt aus dem 13. Jh. und beherbergt eine Sammlung wertvoller Wandteppiche, darunter die herrlichen Wandteppiche der „Apokalypse" aus dem 14. Jh. In der gotischen Kathedrale St. Maurice sind die Fenster sehenswert, ferner der Chor von St. Serge und die romanischen Bogengänge in der Präfektur. (B IV, S. 40—51)

Avoine-Chinon: Der erste französische Atomreaktor zur Stromerzeugung. (D V, S. 36 bis 39)

Azay-le-Rideau: Das Wasserschloß in der Indre gilt als das schönste Renaissance-Schloß im Loire-Tal. Es wurde von hohen königlichen Beamten 1518—29 erbaut. In der Nähe liegt Schloß **Saché**, wo Honoré de Balzac 1829—48 lebte, heute Balzac-Museum.

Südlich das Weidenflechterdorf **Villaines-les-Rochers**. (E/F V, S. 19—23, 82, 119)

Beaugency: Das kleine Städtchen (6800 Einw.) in reizender Lage beherrschte bis in neuere Zeit den einzigen Loireübergang zwischen Blois und Orléans. Von den Befestigungen ist ein Bergfried (11. Jh.) erhalten. Das Schloß (14./15. Jh.) beherbergt ein Heimatmuseum. (J II, S. 15)

Blois (52 000 Einw.): Seit dem 10. Jh. Hauptort einer Grafschaft, bekam Blois 1196 Stadtrecht. Die Grafen von Blois, die auch in der Champagne herrschten, waren im 12. Jh. die mächtigsten Herren Nordfrankreichs. Blois wurde 1498 Kronbesitz und war bis 1589 ständige Residenz. Die ältesten Teile des Schlosses stammen aus dem 13., der Nordflügel und die Kapelle St. Calais aus dem 14. Jh., der Flügel Franz' I. mit seinem prächtigen Treppenturm ist im Stil der Hochrenaissance. Den Südwestflügel ließ Gaston von Orléans durch Mansart 1635—38 erbauen. In der Stadt sind die romanisch-

Kirchenschiff von Saint-Aignan-sur-Cher

gotische Kirche St. Nicolas und das Hôtel d'Alluye, ein Bürgerhaus des 16. Jh., sehenswert, ferner das malerische Stadtviertel um die Kathedrale. Heute ist Blois vor allem Handelszentrum für Getreide, Wein und Gemüse, seit 1870 besonders für Spargel. (H III, Titel, S. 18—22, 82)

Briare: Die kleine Industriestadt (5700 Einwohner) ist bemerkenswert wegen zwei Kanälen: Der Briare-Kanal, 1604—42 gebaut, war der erste Kanal in Europa, der zwei Flußgebiete miteinander verband. Der Loire-Seitenkanal überquert auf einer von Eiffel gebauten Kanalbrücke die Loire. (O III, S. 119)

Brissac: Das heutige Schloß wurde im 17. Jh. von einem Marschall von Frankreich errichtet und ist noch im Besitz seiner Familie. Es wurde nach dem Tod des Marschalls 1621 nicht weitergebaut, so daß die Anlage unfertig wirkt. Schöner Park und Inneneinrichtung. (B IV, S. 102—106)

Candes-St.-Martin: An der Stelle, wo 397 der hl. Martin starb, wurde im 12. und 13. Jh. eine gotische Wallfahrtskirche erbaut und im 15. Jh. befestigt. Das Besondere ist ihre unregelmäßige Bauweise. (D V)

Chambord: Der Ort kam mit Blois 1498 an die Krone. Das für Franz I. 1519—37 erbaute Schloß ist das größte und prächtigste der Königsschlösser an der Loire. Bis Ludwig XIV. war es königliches Jagdschloß. Im 18. Jh. wurde es dem vertriebenen König von Polen, Stanislaus Leszczyński, zugewiesen, danach dem Marschall Moritz von Sachsen. Von der ursprünglichen Einrichtung ist wenig erhalten. Bemerkenswert sind insbesondere das aus einer Doppelspirale bestehende Treppenhaus und der 5500 Hektar große Jagdschutzpark. (J III, S. 19—25, 65, 66/67, 82)

Chanteloup: Reste des vom Herzog v. Choiseul errichteten Schlosses wurden 1823 abgerissen. Die 1775–78 erbaute Pagode ist erhalten. (G IV)

Châteauneuf-sur-Loire (5700 Einw.): Von dem ehemaligen Schloß ist wenig erhalten; sehenswert noch der Park. Im Rathaus ist das Museum der Loire-Schiffahrt. (L/M II)

Chaumont-sur-Loire: Direkt am Fluß stand hier seit dem 10. Jh. eine Burg der Grafen von Anjou. Das heutige Schloß stammt aus dem 15./16. Jh. und wurde im 19. restauriert. Im 18. Jh. beherbergte es eine Keramik-Manufaktur. Anfang des 19. Jh. wohnte Madame de Staël in Chaumont. (H IV, S. 82)

Chenonceaux: Das Schloß wurde 1513–21 durch einen königlichen Kämmerer erbaut und fiel 1524 an die Krone. Durch seine Lage am Cher ist es eines der lieblichsten im Loire-Tal. Es war Aufenthaltsort von Diana von Poitiers und Katharina von Medici. (G IV/V, S. 16–22, 82, 86–90)

Cheverny: Der Herrensitz wurde 1634 vollendet und besitzt noch die Inneneinrichtung der Zeit. Im Nebengebäude ein interessantes Jagdmuseum. (J IV, S. 26–31, 68/69, 82)

Chinon (8300 Einw.): Die keltische Gründung (Caino) in der Touraine war seit 1205 Besitz der Könige und ist heute ein Weinbauzentrum. Sehenswert sind die 400×70 Meter große Burganlage aus dem Spätmittelalter und die Altstadt. Südlich von Chinon verlebte Rabelais seine Jugend. Er wurde 1494 in **La Devinière** geboren. (E/F V, S. 14, 63, 79, 110/111)

Cléry-St.-André: Die Basilika Notre-Dame stammt aus dem 15., der Turm aus dem 14. Jh. Ludwig XI., der ein Förderer der Kirche war, liegt dort begraben. (K II)

Cunault: Die romanische Kirche mit gotischen Anklängen und 223 Kapitellen gehörte zu einer 1741 aufgelösten Benediktiner-Priorei. (C IV)

Benediktinerkloster Saint-Benoît-sur-Loire

Fontevraud: Der Kreuzzugsprediger Robert von Arbrissel gründete 1101 die Kongregation Pauperes Christi und das Doppelkloster (St. Maria und St. Johannes) Fontevraud, das stets unter der Leitung einer Äbtissin stand und 1790 aufgehoben wurde. Außerdem umfaßte der Komplex Gebäude für Sieche (St. Benedikt), Aussätzige (St. Lazarus) und gerettete Dirnen (St. Magdalena). Das Kloster war 1804–1963 Strafanstalt und wird heute mühsam restauriert. Von den erhaltenen Bauten sind am bemerkenswertesten die romanische Abteikirche mit den Plantagenêt-Gräbern (Heinrich II., Eleonora von Aquitanien, Richard Löwenherz) und vor allem die romanische Klosterküche. Einige Kunstgegenstände aus dem ehemaligen Kloster befinden sich in der Pfarrkirche St. Michel. (D V, S. 128–130)

Germigny-des-Prés: Die Kirche wurde 806 gegründet und verfiel schon im 9. Jh., im 15. wurde sie erneuert und im 19. restauriert. Sie ist somit eine der ältesten Frankreichs. Beachtenswert sind der karolingische Grundriß und die Mosaiken. (M II, S. 6/7)

Gien: Das Städtchen (15 000 Einw.), bekannt durch seine Fayencen, hatte im Zweiten Weltkrieg schwer zu leiden. Das Schloß wurde, ebenso wie die Loire-Brücke, auf Veranlassung der Anna von Beaujeu im 15. Jh. erbaut und enthält das Internationale Jagdmuseum mit seiner einzigartigen Sammlung historischer Waffen. Die Kirche St. Jeanne-d'Arc ist ein gelungener Neubau der Nachkriegszeit. (N II/III, S. 116/117, 119)

Langeais: In dem seit dem 5. Jh. (Alangavia) bestehenden

Ort (3900 Einw.) bauten die Grafen von Anjou Ende des 10. Jh. eine Burg, die im Hundertjährigen Krieg geschleift wurde. Reste des Turmes sind noch zu sehen. Das neue Schloß wurde 1465–69 im Auftrag des Königs errichtet. Die Einrichtung stammt aus dem 15./16. Jh. (E IV)

Liget: Von dem ursprünglichen Kartäuserkloster, das Heinrich II. Plantagenêt als Sühne für die Ermordung Thomas Beckets stiftete, sind nur die Ruinen der Klosterkirche zu sehen. Die übrigen Gebäude stammen aus dem 18. Jh. (H VI)

Loches: Von allen Städten (6800 Einw.) im Loire-Tal hat das am Nebenfluß Indre gelegene Loches am besten sein historisches Stadtbild bewahrt. An der äußeren Stadtmauer stehen die Porte des Cordeliers (Stadttor des 15. Jh.), der Turm St. Antoine (16. Jh.) und die Porte Picoys (15. Jh.). Die Oberstadt betritt man durch die Porte Royale (13./15. Jh.). Loches wurde schon im 6. Jh. befestigt und kam im 9. Jh. an die Grafen von Anjou. Ein Bergfried (Donjon) des 11. Jh. ist erhalten. 1205 fiel Loches an die Krone und wurde Staatsgefängnis. Die Befestigungen wurden im 15. Jh. durch zwei Türme verstärkt (Tour ronde, Tour Martelet mit Verliesen). Das neue Schloß an der Nordseite entstand im 14./15. Jh. (es war Wohnsitz der Agnes Sorel, der Favoritin Karls VII.), die Kirche St. Ours im 11.–15. Jh. (G V/VI, S. 64/65)

Le Lude: Städtchen am Loir. Gotisches Schloß mit späteren Ausbauten. Im Sommer Spektakel mit historischen Kostümen. (D III, S. 102–106)

Luynes: Das imposante Schloß (überwiegend 13. Jh.) ist seit 1619 im Besitz der Familie de Luynes. Es kann nicht besichtigt werden. Nördlich von Luynes sind einige gut erhaltene Bögen eines römischen Aquädukts aus dem 4. Jh. zu sehen. (E IV)

Marmoutier: Die Abtei wurde vom hl. Martin von Tours gegründet. Die Pforte aus dem 13. Jh. und die Ruinen der Basilika stehen noch. (F IV)

Ménars: Das Barockschloß wurde 1637 begonnen und im 18. Jh. von Madame de Pompadour und ihrem Bruder vollendet. (J III)

Meung-sur-Loire: Das Schloß (13. Jh., mehrmals umgebaut) war bis ins 18. Jh. Residenz der Bischöfe von Orléans und ist nicht zu besichtigen. Die Kirche St. Liphard stammt aus dem 11.–13. Jh. (K II)

Montgeoffroy: Das Schloß wurde im 18. Jh. für den Marschall de Contades errichtet und ist Privatbesitz. Sehenswert ist die vollständig erhaltene Inneneinrichtung aus der Zeit. (C III/IV)

Montrésor: Der Felsvorsprung über dem Indrois wurde schon um 1000 von Grafen von Anjou befestigt. Das heutige Schloß (Privatbesitz) stammt aus dem 15./16. Jh. und wurde im 19. restauriert. Sehenswert ist die benachbarte Renaissance-Kirche. (H V)

Montreuil-Bellay (4200 Einw.): Hauptsehenswürdigkeit ist das Schloß, bestehend aus Châtelet (13.–15. Jh.), Petit Château (15. Jh.) mit einer Küche nach dem Vorbild von Fontevraud und Château Neuf (15. Jh.), darin eine Kapelle mit Fresken. Ferner: die Kirche Notre-Dame (12.–15. Jh.), die Thouet-Brücke und das Tor St. Jean. (C VI)

Montrichard: Das Städtchen (3900 Einw.) wird von der mächtigen Ruine eines Bergfrieds (11./12. Jh.) überragt. Die Kirche Ste. Croix hat Teile aus dem 12.–19. Jh., die Kirche von Nanteuil aus dem 12.–15. Jh. Es lohnt sich, die alten Steinbrüche in den Steilwänden am Ufer des Cher zu besichtigen, die heute teilweise als Wohnungen oder Keller für Sektherstellung und Champignon-Zucht dienen. (H IV)

Montsoreau: Im Schloß (15. Jh.) mit herrlichem Blick auf die Loire ist das Goum-Museum untergebracht: Eroberung Marokkos und marokkanische Reitertruppen. (C/D V)

Nouans-les-Fontaines: In der Kirche befindet sich eine hervorragende Kreuzesabnahme (Pietà) aus dem 15. Jh. (H VI)

Orléans: Der Verwaltungssitz (110 000 Einw.) der Region Centre und des Départements Loiret mit Bischof und Universität (1305–1792 und seit 1962) ist eine keltische Gründung und hieß zur Römerzeit Aureliani. Seit 498 fränkisch, war es im 10./11. Jh. Kapetingerresidenz und bekam 1107 Stadtrecht. Im Hundertjährigen Krieg brachte Jeanne d'Arc, die Jungfrau von Orléans, 1429 durch den Entsatz der Stadt die Wende des Krieges. Bis ins 19. Jh. war Orléans ein bedeutender Loire-Hafen. Heute ist es das Handels- und Industriezentrum des mittleren Loire-Tals. Sehenswürdigkeiten: Kathedrale Ste. Croix (13.–16. Jh.) mit Holzschnitzereien, Musée des Beaux-Arts (Malerei des 15.–20. Jh.) im ehemaligen Rathaus (16. Jh.), Hôtel de Ville (Renaissance-Rathaus), Brücke George V. (1760), mehrere Kirchen, Renaissance-Häuser, die Präfektur (ehemal. Kloster des 17. Jh.), die Rosengärtnereien und Baumschulen zwischen Loire und Loiret. (K/L I, S. 52/53, 101)

Le **Puy-Notre-Dame:** In der Wallfahrtskirche (13. Jh.) wird der Gürtel der Muttergottes verehrt. (B/C VI)

Saint-Aignan-sur-Cher (3700 Einw.): Die Kirche (11./12. Jh.) besitzt schöne Kapitelle und eine romanische Krypta. Das Schloß (16. Jh.) kann nicht besichtigt werden, schöne Aussicht. (H/J V, S. 122)

Saint-Benoît-sur-Loire: Das Kloster Fleury wurde im 7. Jh. gegründet, hatte im 9. eine bedeutende Klosterschule und stand im 10. Jh. an der Spitze einer Reformbewe-

gung. Die Basilika (11./12. Jh.) mit sehenswertem Chor und Krypta hat einen der schönsten romanischen Türme. Täglich sind die gregorianischen Gesänge der Klosterbrüder zu hören. (M I, S. 123)

Sancerre: Das Städtchen (2500 Einw.) war im Spätmittelalter und während der Religionskriege eine wichtige Festung. Heute ist es Zentrum eines Weinbaugebietes (Sauvignon blanc), das sich bis **Pouilly-sur-Loire** erstreckt. (O IV, S. 6/7, 79)

Saumur (24 000 Einw.): Die angevinische Stadt kam Anfang des 13. Jh. an die Krone. Sie hatte ihre größte Bedeutung im 16./17. Jh. als geistiger Mittelpunkt der Hugenotten (1600–1685 protestantische Akademie) und war ein bedeutender Handelsplatz. Heute lebt Saumur vor allem von Weinbau (Chenin blanc) und Sektkellerei. Berühmt ist das Schloß (14.–16. Jh.) durch das Stundenbuch des Herzogs von Berry, die Kirche Notre-Dame-de-Nantilly (12. bis 15. Jh.) mit ihren kostbaren Wandteppichen und die Kavallerieschule (Cadre Noir). Sehenswert sind ferner: Musée d'Arts Décoratifs (Kunstgewerbe) im Schloß, Musée du Cheval (Pferde), die romanische Kirche St. Pierre, das Rathaus (16. Jh.) und Barbet de Vaux-Museum (Kavallerie) und Panzermuseum. (C V, S. 62, 120/121)

Sully-sur-Loire: Das Schloß (im wesentlichen 14. Jh.) gehörte 1602–1962 den Herzögen von Sully und diente zeitweise Voltaire als Aufenthalt. Bemerkenswert ist das 600 Jahre alte Gebälk im Oberstock des Bergfrieds. (M II)

Talcy: Das Schloß wurde von einem Staatsbeamten im 16. Jh. ausgebaut. Es enthält Möbel und Geräte des 16.–18. Jh. (H/J II, S. 82)

Tavant: Die Kirche ist vor allem wegen der Wandmalereien (12. Jh.) im Innern und in der Krypta sehenswert. (E VI)

Tours: Die Hauptstadt (145 000 Einw.) der Touraine und des Départements Indre-et-Loire ist gallo-römischen Ursprungs und seit der Zeit des hl. Martin (4. Jh.) einer der religiösen und kulturellen Zentren Frankreichs (seit 9. Jh. Erzbischofssitz, 1970 Universität). Im 15. und 16. Jh. gab es hier eine bedeutende Seidenindustrie. Heute lebt die Stadt von Industrie (u. a. Maschinenbau) und dem Handel mit landwirtschaftlichen Produkten, besonders Wein (Chenin blanc in **Vouvray** und **Montlouis**). Tours besitzt eine Vielzahl von Baudenkmälern und Resten aus Spätantike und Mittelalter. Besonders sehenswert sind die Kathedrale St. Gatien (13.–16. Jh.) mit ihren schönen Fenstern, die Altstadt mit malerischen alten Häusern, die Reste der alten und die moderne Basilika St. Martin, das Musée des Beaux-Arts (Kunstmuseum im alten Bischofspalast), das Hôtel Gouin (Museum für mittelalterliche und Renaissance-Kunst), das Gemmail-Museum (Glasbilder) und das Musée du Compagnonnage, ein Museum der Gesellenbruderschaften. (F IV, S. 79, 92–97, 119)

Ussé: Das Schloß über der Indre wirkt besonders durch seine romantische Lage. Es stammt aus dem 15.–17. Jh. Der festungsartige Bau hat noch die alte Inneneinrichtung. (D/E V, S. 13)

Valençay: Das Schloß des 16. Jh. entstand an der Stelle einer mittelalterlichen Burg und wurde im 17. und 18. Jh. ausgebaut. 1805–38 gehörte es Talleyrand, dem ehemaligen Bischof und späteren Minister und Diplomaten Napoleons und der Bourbonen. (J/K V)

Villandry: Der Besuch des Schlosses (16. Jh.) lohnt vor allem wegen seiner Gärten im Stil des 16. Jh. (E/F IV, S. 13)

Villesavin: Das kleine Renaissance-Schloß wurde 1537 vom Bauintendanten von Chambord gebaut. (J III, S. 19–22)

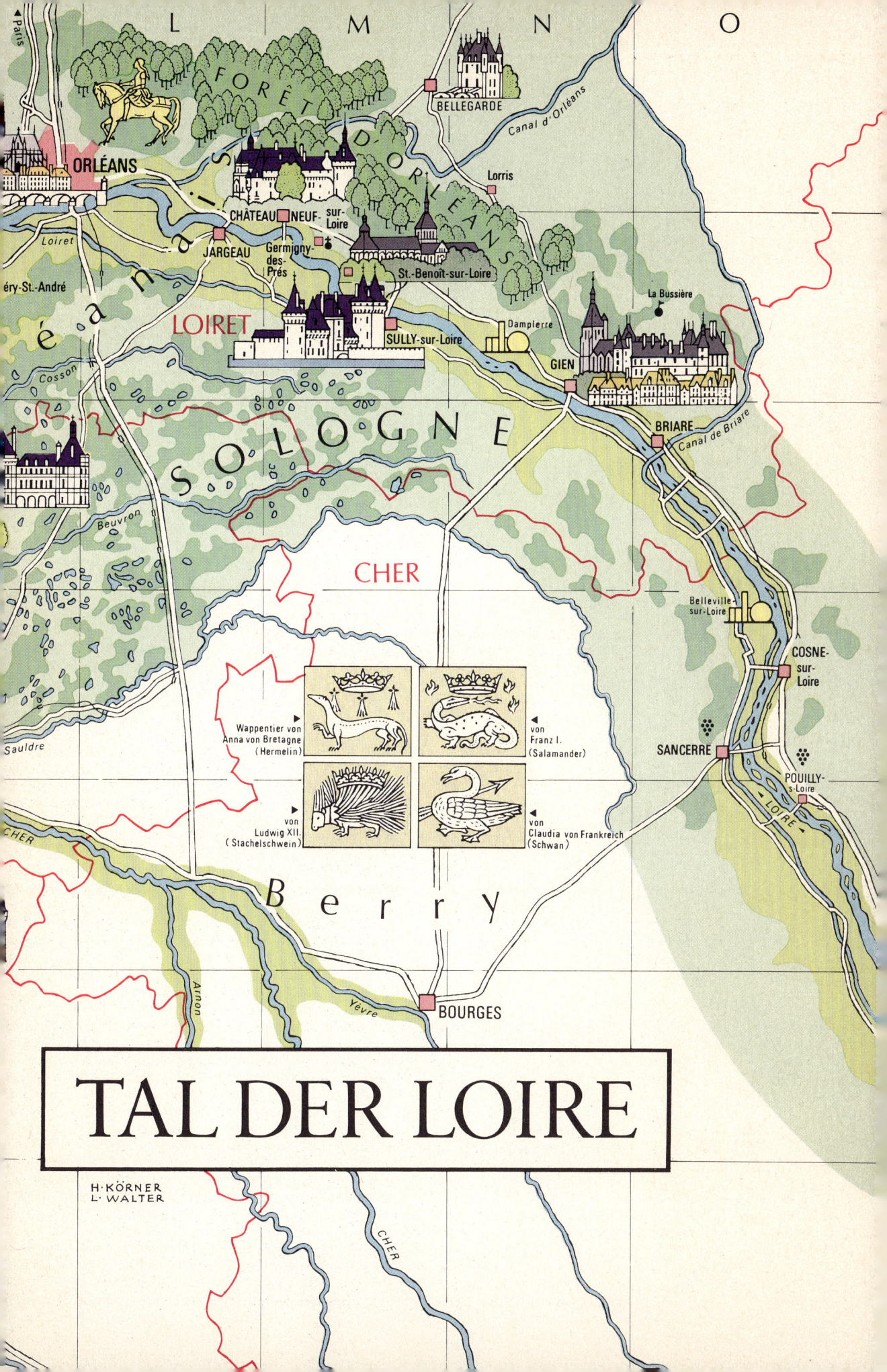

ORLÉANS

FORÊT D'ORLÉANS

BELLEGARDE

Canal d'Orléans

Lorris

Paris

CHÂTEAU-NEUF-sur-Loire

Loiret

JARGEAU

Germigny-des-Prés

St.-Benoît-sur-Loire

éry-St.-André

LOIRET

SULLY-sur-Loire

Dampierre

La Bussière

GIEN

Cosson

SOLOGNE

BRIARE

Canal de Briare

Beuvron

CHER

Belleville-sur-Loire

COSNE-sur-Loire

Sauldre

Wappentier von
Anna von Bretagne
(Hermelin)

von Franz I.
(Salamander)

SANCERRE

POUILLY-s-Loire

von
Ludwig XII.
(Stachelschwein)

von
Claudia von Frankreich
(Schwan)

LOIRE

CHER

Berry

Arnon

Yèvre

BOURGES

TAL DER LOIRE

H·KÖRNER
L·WALTER

CHER

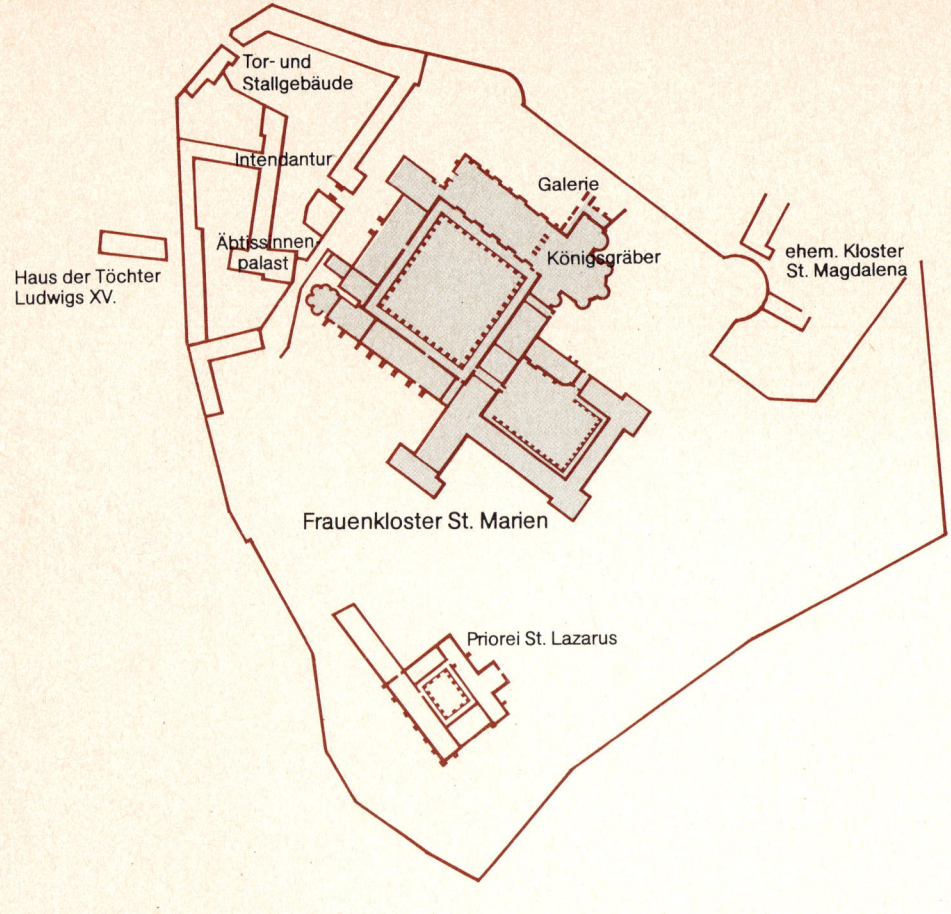

Tor- und
Stallgebäude

Intendantur

Galerie

Äbtissinnen-
palast

Königsgräber

ehem. Kloster
St. Magdalena

Haus der Töchter
Ludwigs XV.

Frauenkloster St. Marien

Priorei St. Lazarus

Hier regierte immer eine Frau: Fontevraud

Die Gebäude der ehemaligen Abtei Fontevraud bilden trotz schwerer Zerstörungen während und nach der Französischen Revolution noch immer einen der umfangreichsten Klosterkomplexe in Frankreich. In waldreicher Gegend errichtete der Kreuzzugsprediger Robert von Arbrissel Ende des 11. Jahrhunderts eine Einsiedelei, wo er mit Freunden ein Leben in der Zurückgezogenheit führen wollte. Bald schlossen sich ihnen Hunderte von Männern und Frauen an, darunter auch Dirnen und Aussätzige, so daß für die Klostergemeinschaft eine besondere Organisationsform erforderlich wurde. Robert gründete sie auf die Worte Christi am Kreuz zu Johannes: „Siehe, das ist deine Mutter." So wurde der Frauenkonvent Maria, die Gemeinschaft der Mönche Johannes geweiht. An der Spitze der gesamten Klosterorganisation stand die Äbtis-

sin des Frauenkonvents, womit die geistige Mutterschaft Mariens – gemäß dem Christuswort – ausgedrückt werden sollte. Dem Beispiel Christi folgend, der sich Sünderinnen und Aussätziger angenommen hatte, richtete Robert von Arbrissel zwei weitere Klostergemeinschaften ein, Sankt-Lazarus für Leprakranke und Sankt-Magdalena für reumütige Dirnen.

Wirtschaftliche Grundlage des Klosters waren reiche Schenkungen, vor allem der Grafen von Anjou. 1106 durch den Bischof von Poitiers bestätigt, breitete sich der Orden von Fontevraud, der sich an den Regeln des hl. Benedikt orientierte, im gesamten Herrschaftsgebiet der Grafen und späteren Könige von England aus. Diese bestimmten Fontevraud zu ihrer Grablege. Nach dem Ende der englischen Herrschaft erfreute sich das Kloster der Gunst der französischen Könige.

Alle 36 Äbtissinnen von Fontevraud waren adeliger Abstammung, eine Anzahl von ihnen Töchter aus der Dynastie der Bourbonen. Auch die Nonnen stammten zumeist aus Adelskreisen. Kein Wunder, daß am Vorabend der Französischen Revolution Fontevraud mit 80 000 Livres Jahreseinkommen das reichste Frauenkloster Frankreichs war. Ludwig XV. ließ hier seine Töchter erziehen. In den Wirren der Revolution hatte die Abtei schrecklich zu leiden und löste sich schließlich auf. Die Gebäude wurden geplündert, verwüstet und teilweise in Brand gesteckt. Einige Klosterfrauen endeten unter der Guillotine.

Napoleon wandelte die noch verbliebenen Gebäude in ein Gefängnis um, das bis 196 bestand. Seit dieser Zeit ist die Denkmalpflege bemüht, die gesamte Klosteranlage zu restaurieren.

Kern der noch bestehenden Baulichkeiten ist das große Frauenkloster mit Kirche, Kreuzgang, Siechenhaus und Küche. Südlich – etwas abseits von diesem Kernbereich – liegt die Priorei Sankt-Lazarus. Verschwunden sind das Männerkloster Sankt-Johannes und das Kloster der Sünderinnen, Sankt-Magdalena. Um vom Ort aus in die Abtei zu gelangen, durchschreitet man einen Torbau (um 1785

dem sich linkerhand der aufwendige Pferdestall der Äbtissin anschließt. Er war gerade erst beim Ausbruch der Französischen Revolution 1789 fertiggestellt und zeugt noch vom Reichtum des Klosters kurz vor dem Untergang. Aus der zweiten Hälfte des 18. Jahrhunderts stammt ferner der an der Südseite des Eingangshofes gelegene Äbtissinnenpalast. Die übrigen Gebäude, die den Hof umschließen, wurden hauptsächlich im 19. Jahrhundert errichtet und gehörten zum Gefängnis.

Die Abteikirche – durch Gefängniseinbauten im 19. Jahrhundert arg verstümmelt – hat nach umfangreichen Wiederherstellungsarbeiten ihren ursprünglichen Charakter zurückerhalten. In zwei Abschnitten in der ersten Hälfte des 12. Jahrhunderts entstanden, gehört sie zu den schönsten romanischen Sakralbauten des Anjou. Der basilikale Umgangschor mit drei Kapellen sowie das Querschiff wurden 1119 durch Papst Calixtus II. geweiht. Das etwas spätere Langhaus besteht aus einem breitgelagerten Schiff mit vier Kuppeln auf mächtigen Wandvorlagen.

Besonderen Rang erhielt die Kirche dadurch, daß sie Grablege von Mitgliedern des englischen Königshauses der Plantagenêt wurde. Erhalten, wenn auch aus ihrem ursprünglichen Zusammenhang gerissen, während der Französischen Revolution stark beschädigt und im 19. Jahrhundert ergänzt, sind vier überlebensgroße Grabfiguren auf drapierten Paradebetten aus der ersten Hälfte des 13. Jahrhunderts: Heinrich II. Plantagenêt, Eleonora von Aquitanien, Richard Löwenherz und Isabella von Angoulême.

Vom romanischen Kloster ist wenig erhalten geblieben. Mit einer Reform des Ordens von Fontevraud seit der zweiten Hälfte des 15. Jahrhunderts wurden auch die Gebäude erneuert. 1515 ließ die Äbtissin Renée von Bourbon das romanische Refektorium neu gestalten und mit einem stattlichen Rippengewölbe versehen, über dem Zellen für 47 Nonnen eingerichtet wurden. Gleichzeitig entstand der anschließende Kreuzgangflügel, während die anderen Mitte des 16. Jahrhunderts vollen-

det waren. Im Ostflügel liegt mit reicher Ausmalung der zweischiffige Kapitelsaal. Südlich an diesem Flügel entstand nach 1575 ein Noviziat-Trakt.

An den Ostteil des Kreuzganges schließen sich um einen zweiten Innenhof die Gebäudetrakte des Siechenhauses Sankt-Benedikt für kranke und alte Nonnen an. Die einschiffige Kapelle gehört noch in die Zeit um 1180. Alle übrigen Gebäude und ein Kreuzgang wurden im 17. Jahrhundert errichtet.

Berühmtestes Bauwerk der Abtei von Fontevraud ist die romanische Klosterküche, die einzige erhaltene ihrer Art überhaupt, zwischen 1144 und 1189 erbaut. Die Mittel hierzu stiftete Heinrich II. Plantagenêt. Für eine Wiederherstellung der Küche wurden 1902 mehrere Rekonstruktionsvorschläge gemacht. Man entschied sich leider für den, der sich am weitesten von der ursprünglichen, durch Violet-le-Duc schon lange zuvor in seinem „Dictionnaire raisonné de l'architecture" überzeugend dargelegten Form der Küche entfernte. Sie ist ein kegelartiger Bau, ganz aus Stein und von den übrigen Abteigebäuden abgesondert, so daß es keinerlei Belästigung durch Rauch oder Küchengerüche geben konnte. Die Bauformen sind teilweise aus der Sakralarchitektur entlehnt. Apsisartige Ausbauten, seit 1902 mit Schlitzfenstern in Rundbogenblenden versehen und an einen Kapellenkranz erinnernd, waren in Wirklichkeit geschlossene Feuerstellen. Der Rauch entwich durch Abzugsrohre auf den ursprünglich halbkuppeligen Dächern, die jetzt durch Kegeldächer ersetzt sind. Durch kleinere Schornsteine am Rand der Dachpyramide konnte noch verbliebener Rauch ins Freie. Die heißen Küchendünste wurden durch den mächtigen Hohlraum der Pyramide nach außen abgeleitet. Im 12. Jahrhundert bereiteten die Nonnen hier für mindestens 500 Personen die Tagesmahlzeiten zu, die in der Hauptsache aus Fleisch oder Fisch bestanden. Während in den Nischen die Feuer knisterten, wurde unter der Dachpyramide auf großen Tischen das Fleisch zum Braten zerteilt. **Wilfried Hansmann**

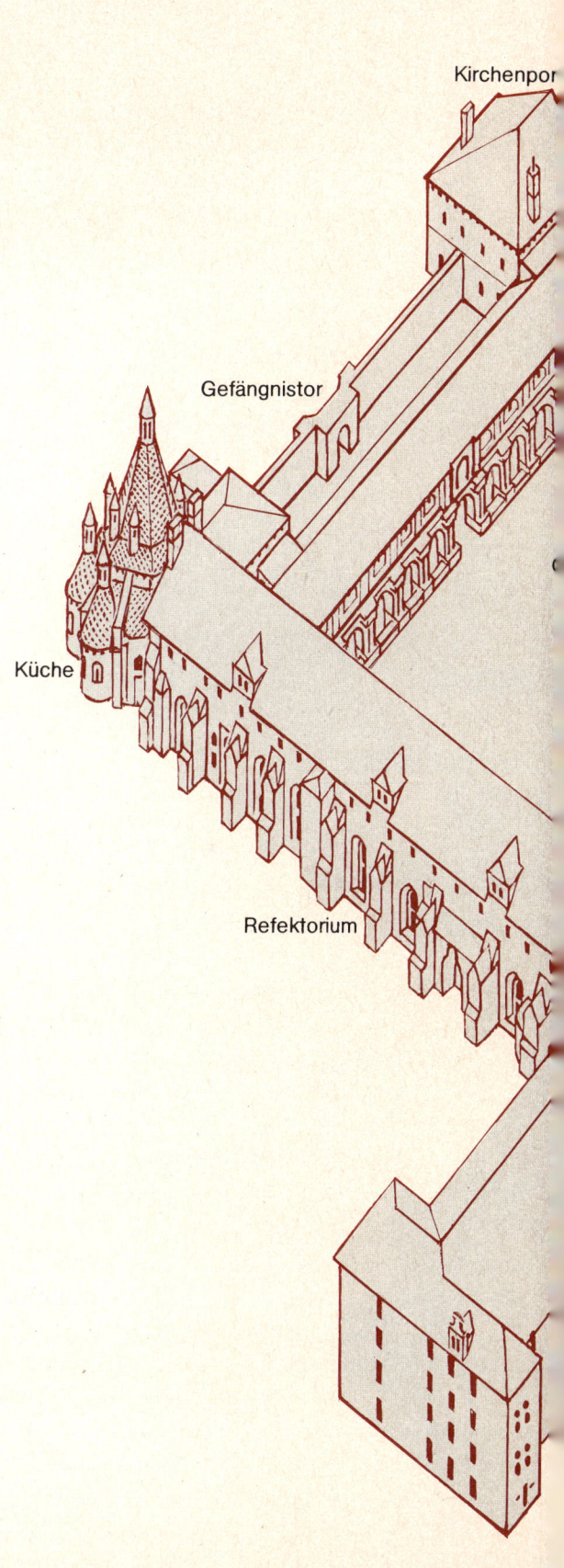

Kirchenpor

Gefängnistor

Küche

Refektorium

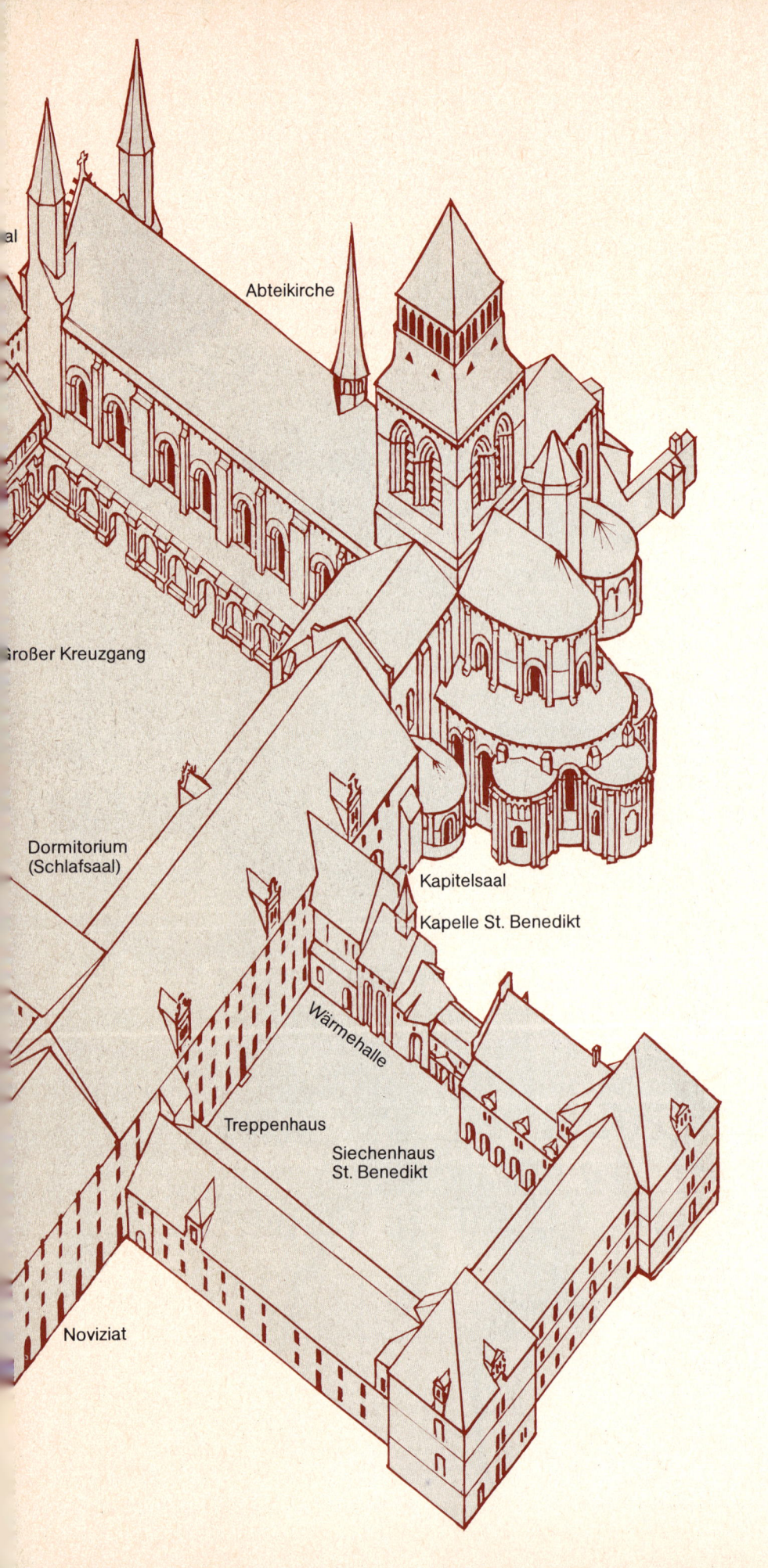

al

Abteikirche

Großer Kreuzgang

Dormitorium
(Schlafsaal)

Kapitelsaal

Kapelle St. Benedikt

Wärmehalle

Treppenhaus

Siechenhaus
St. Benedikt

Noviziat

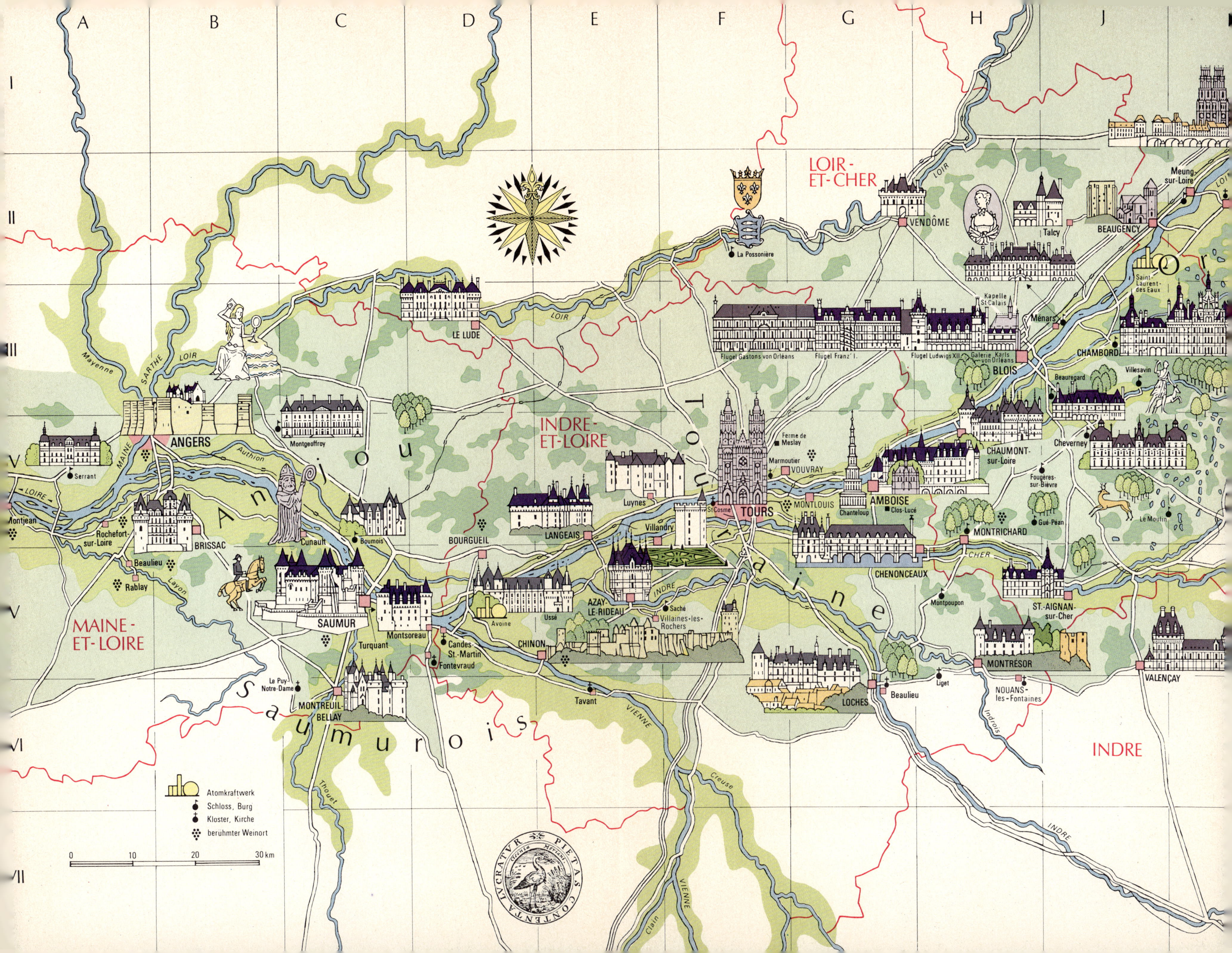

dem sich linkerhand der aufwendige Pferdestall der Äbtissin anschließt. Er war gerade erst beim Ausbruch der Französischen Revolution 1789 fertiggestellt und zeugt noch vom Reichtum des Klosters kurz vor dem Untergang. Aus der zweiten Hälfte des 18. Jahrhunderts stammt ferner der an der Südseite des Eingangshofes gelegene Äbtissinnenpalast. Die übrigen Gebäude, die den Hof umschließen, wurden hauptsächlich im 19. Jahrhundert errichtet und gehörten zum Gefängnis.

Die Abteikirche – durch Gefängniseinbauten im 19. Jahrhundert arg verstümmelt – hat nach umfangreichen Wiederherstellungsarbeiten ihren ursprünglichen Charakter zurückerhalten. In zwei Abschnitten in der ersten Hälfte des 12. Jahrhunderts entstanden, gehört sie zu den schönsten romanischen Sakralbauten des Anjou. Der basilikale Umgangschor mit drei Kapellen sowie das Querschiff wurden 1119 durch Papst Calixtus II. geweiht. Das etwas spätere Langhaus besteht aus einem breitgelagerten Schiff mit vier Kuppeln auf mächtigen Wandvorlagen.

Besonderen Rang erhielt die Kirche dadurch, daß sie Grablege von Mitgliedern des englischen Königshauses der Plantagenêt wurde. Erhalten, wenn auch aus ihrem ursprünglichen Zusammenhang gerissen, während der Französischen Revolution stark beschädigt und im 19. Jahrhundert ergänzt, sind vier überlebensgroße Grabfiguren auf drapierten Paradebetten aus der ersten Hälfte des 13. Jahrhunderts: Heinrich II. Plantagenêt, Eleonora von Aquitanien, Richard Löwenherz und Isabella von Angoulême.

Vom romanischen Kloster ist wenig erhalten geblieben. Mit einer Reform des Ordens von Fontevraud seit der zweiten Hälfte des 15. Jahrhunderts wurden auch die Gebäude erneuert. 1515 ließ die Äbtissin Renée von Bourbon das romanische Refektorium neu gestalten und mit einem stattlichen Rippengewölbe versehen, über dem Zellen für 47 Nonnen eingerichtet wurden. Gleichzeitig entstand der anschließende Kreuzgangflügel, während die anderen Mitte des 16. Jahrhunderts vollen-

det waren. Im Ostflügel liegt mit reicher Ausmalung der zweischiffige Kapitelsaal. Südlich an diesem Flügel entstand nach 1575 ein Noviziat-Trakt.

An den Ostteil des Kreuzganges schließen sich um einen zweiten Innenhof die Gebäudetrakte des Siechenhauses Sankt-Benedikt für kranke und alte Nonnen an. Die einschiffige Kapelle gehört noch in die Zeit um 1180. Alle übrigen Gebäude und ein Kreuzgang wurden im 17. Jahrhundert errichtet.

Berühmtestes Bauwerk der Abtei von Fontevraud ist die romanische Klosterküche, die einzige erhaltene ihrer Art überhaupt, zwischen 1144 und 1189 erbaut. Die Mittel hierzu stiftete Heinrich II. Plantagenêt. Für eine Wiederherstellung der Küche wurden 1902 mehrere Rekonstruktionsvorschläge gemacht. Man entschied sich leider für den, der sich am weitesten von der ursprünglichen, durch Violet-le-Duc schon lange zuvor in seinem „Dictionnaire raisonné de l'architecture" überzeugend dargelegten Form der Küche entfernte. Sie ist ein kegelartiger Bau, ganz aus Stein und von den übrigen Abteigebäuden abgesondert, so daß es keinerlei Belästigung durch Rauch oder Küchengerüche geben konnte. Die Bauformen sind teilweise aus der Sakralarchitektur entlehnt. Apsisartige Ausbauten, seit 1902 mit Schlitzfenstern in Rundbogenblenden versehen und an einen Kapellenkranz erinnernd, waren in Wirklichkeit geschlossene Feuerstellen. Der Rauch entwich durch Abzugsrohre auf den ursprünglich halbkuppeligen Dächern, die jetzt durch Kegeldächer ersetzt sind. Durch kleinere Schornsteine am Rand der Dachpyramide konnte noch verbliebener Rauch ins Freie. Die heißen Küchendünste wurden durch den mächtigen Hohlraum der Pyramide nach außen abgeleitet. Im 12. Jahrhundert bereiteten die Nonnen hier für mindestens 500 Personen die Tagesmahlzeiten zu, die in der Hauptsache aus Fleisch oder Fisch bestanden. Während in den Nischen die Feuer knisterten, wurde unter der Dachpyramide auf großen Tischen das Fleisch zum Braten zerteilt. **Wilfried Hansmann**

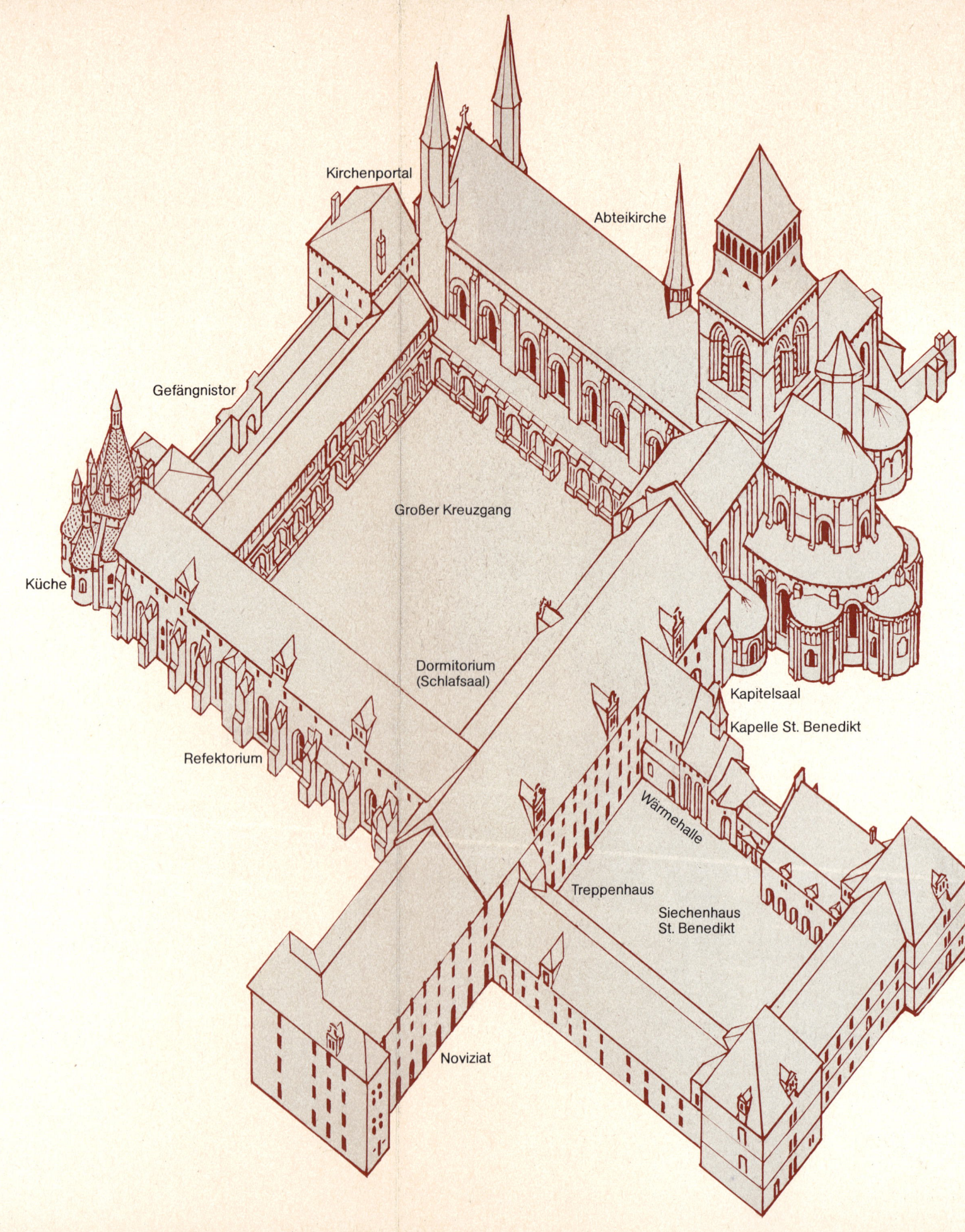

Kirchenportal

Abteikirche

Gefängnistor

Große Kreuzgang

Küche

Dormitorium
(Schlafsaal)

Kapitelsaal

Kapelle St. Benedikt

Refektorium

Wärmehalle

Treppenhaus

Siechenhaus
St. Benedikt

Noviziat